JN418835

덧없음의 미학

이 기 화 지 음

예지
Wisdom Publishing

책머리에

덧없음의 미학

지금 살고 있는 우면산 자락의 이 아파트로 이사 온 지 어언 10여 년, 매일 건강의 방편으로 아파트 뒷길을 산책하고 있습니다. 이 산책로는 조그만 비탈이 이어지고 그 뒤 다른 아파트 단지가 있어 퍽이나 한적합니다. 몸이나 마음이 불편할 때마다 수시로 이 길을 걷습니다. 아주 쉽고 편리한 스트레스 해소법입니다.

4월 초순이라 겨우내 삭막했던 산책로가 환하게 밝아지고 있습니다. 연둣빛 난초의 순이 눈부시고 이름 모를 풀들도 초록빛 물기를 뿜고 거친 땅에서 솟아나고 있습니다. 목련도 병아리처럼 털북숭이 꽃망울을 허공에 내밀고 있습니다. 모두 봄의 전령사로 생명의 환희를 노래하고 있습니다. 그러나 길 위에는 아직도 작년에 진 목련 잎들과 부러진 나뭇가지들이 뒹굴고 있어 덧없이 흘러간 세월을 말해주고 있습니다.

요즘은 소위 '힐링'이 시대의 화두가 된 것 같습니다. 세상살이가 너무 힘들어 모든 사람들이 많은 스트레스를 받고 고통을 당하고 있기 때문입니다. 이 상처 받은 영혼들을 치유하는 것이 매우 긴요한 일이 아닐 수 없습니다.

인간은 사회적 동물이기에 홀로 지낼 수 없고 다른 사람들과 더불어 살아갑니다. 따라서 내가 받은 상처는 남에게 전이시키기 마련입니다. 그러므로 먼저 내 마음의 힐링이 나 자신뿐만 아니라 건강한 사회를 유지하기 위해서도 중요한 일이 되겠습니다.

인간은 본질적으로 많은 괴로움을 안고 살아가는 존재입니다. 인류역사상 인생의 본질적인 괴로움에 가장 깊은 통찰을 하고 그 해결책을 찾으려고 고민한 분이 석가모니가 아닐까 생각합니다. 석가모니는 우리가 괴로움을 받는 원인으로서 진리에 대한 무지를 지목합니다. 그리고 우주와 인생의 으뜸 진리는 "모든 것이 덧없다[諸行無常]"임을 가르칩니다.

덧없다는 말은 자칫 허무주의적 느낌을 주는 것으로 오해될 수 있습니다. 그러나 실은 그 반대입니다. 덧없음은 변화의 동의어입니다. 오직 생명을 갖고 살아 있는 것만이 변할 수 있습니다. 죽은 것에는 아무런 변화도 일어날 수 없습니다. 따라서 "모든 것이 덧없다"는 것은 "모든 것이 살아 있다"라는 진리의 절대적 역동성을 우회적으로 가리키고 있는 것입니다.

아름다운 선율이 순간적으로 사라지며 덧없음의 진리를 보여주기 때문에 음악이 최고의 예술이라 할 수 있듯이 모든 것은 덧없기 때문에 귀중하고 아름답다고 말할 수 있습니다. 모든 것이 덧없어 끊임없이 변해감을 수용할 때 우리는 매 순간 순간을 마치 갓 태어난 어린애가 맑은 눈빛으로 신비로운 세상을 바라보듯이 살아갈 수 있을 것입니다.

석가모니는 열반하실 때 제자들에게 다음의 가르침을 남겼습니다. "모든 것이 덧없으니 게으름 피우지 말고 열심히 살아가라." 이 말씀이 가장 완벽한 힐링의 처방입니다. 생존을 유지하기 위해서는 무언가를 해야 합니다. 우리가 해야 할 일은 설사 모른다고 해도 반드시 해야 할 까닭이 있기 때문에 우리에게 온 것입니다. 따라서 우리는 그 일을 정성을 다해 열심히 해야 합니다.

어쩌면 우리가 해야 할 일은 진리에 다가가는 길에서 걸림돌을 치우는 것일지도 모릅니다. 우리는 어쩌면 진리로 가는 길 위의 모든 걸림돌을 치우기 위하여 이 세상에 태어난 것인지 모릅니다. 모든 것이 덧없다고 생각할 때 우리는 진리의 길에서 벗어나지 않고 우리에게 고통을 불러오는 주범인 부질없는 탐욕으로부터 자유로워집니다.

어떤 인연으로 〈법보신문〉에 칼럼을 쓰기 시작하여 어언 7

년이 지났습니다. 불교가 전공이 아닌 저에게 이런 귀중한 기회를 준 신문사 여러분께 감사하는 마음입니다. 그 외에도 봉은사 사보 〈판전〉에 약 2년간 제 글이 연재되었습니다.

올 봄 이상하게도 그간 〈법보신문〉과 〈판전〉 그리고 다른 곳에 실린 제 글의 일부를 정리하여 출간하고 싶은 마음이 생겼습니다. 부끄럽지만 그 글들은 덧없이 흘러간 제 삶의 일부이기 때문입니다.

내일 나의 산책길은 봄소식으로 더 싱그러워지리라 생각합니다. 새들이 지저귀며 날아가는 모습을 보게 될지 모릅니다. 나는 크리슈나무르티를 흉내 내어 혹시 그 귀여운 새들이 날아간 곳을 아는 사람이 있으면 가르쳐달라고 조를지 모릅니다. 그 길을 하염없이 걸으며 석가모니의 더없이 귀중한 가르침인 "덧없음의 아름다움"을 찬미하게 되리라 생각합니다.

2013년 봄, 우면산 자락에서

차례

정토의 길

결코 무너지지 않는 탑

목련 추억

나는 목련을 사랑한다. 어릴 때 자랐던 시골에선 목련을 보지 못했다. 30대 후반에 유학생활을 마치고 귀국해서 서울에 살기 시작하면서부터 봄에 피는 목련의 아름다움에 눈뜨기 시작했다.

지금 살고 있는 아파트로 이사 오기 전까지 단독주택에서 20여 년을 살았다. 시골에서 올라오신 어머니와 강아지 세 마리와 함께 살았다. 그 집 뜰에 목련이 한 그루 있었고 봄이면 하얀 목련 꽃송이들이 뜰에 가득했다. 내 서재가 2층에 있었는데 서재 베란다에 나서면 목련 꽃송이들이 하염없이 다가왔다. 그러다 어머니가 떠나시고 강아지 두 마리가 죽고 우리 동네가 재개발되면서 부득이 아파트로 옮기게 되었다.

이사하던 해 4월 나는 국제학회에 참석하기 위해 프랑스 남해안 니스에 가야 했다. 학회에서 돌아오면 목련이 다 져버릴 것 같아 나는 밤마다 베란다에 나가 목련꽃들에게 대비주(大悲呪)를 읽어주었다.

그해 유난히 많은 목련꽃들이 피었고 처음으로 내 손이 닿는 곳까지 다가왔다. 나는 한없는 아쉬움으로 그 꽃들을 어루만졌다. 20여 년을 같이 산 그들과 헤어지는 것이 서글펐기 때문이다. 학회에서 돌아오자 다른 집들의 목련은 다 져버렸는데도 우리 집에는 목련꽃 몇 송이들이 나를 기다리고 있었다. 그들도 나와의 이별이 아쉬웠는지 모르겠다. 다행히 이사 온 아파트 뒤뜰에 목련이 몇 그루 있었다.

세상에 기적 같은 일이 많이 일어난다. 그중 하나가 때 되면 계절이 어김없이 바뀌는 것이라고 생각한다. 삭막했던 겨울 산에 진홍빛 진달래가 피면서 봄이 시작한다. 이어 겨우내 추위에 떨었던 아파트 단지에 목련이 하얗게 피어난다. 그리고 벚꽃, 개나리, 라일락이 황량했던 도회지에 눈부시게 찾아온다.

밤새 내린 비로 쌀쌀한 아침 산책길에 나섰더니 아파트 경비원이 보도 위에 깔린 목련 꽃잎들을 쓸고 있었다. 그냥 그대로 놔두지 그러느냐는 말을 하고 싶었다. 꽃잎이 누워 있는 보도가 더 아름답지 않을까?

삭막한 하늘에 목련꽃이 피기 시작하면 나는 산책시간을 늘린다. 아름다운 꽃송이를 쳐다보면서 그냥 걷는 것만으로도 행복했기 때문이다. 그런데 그 꽃이 지고 있다.

시인 김영랑은 5월 어느 날 모란이 지고 떨어진 꽃잎마저 시들어버리면 그해 한 해는 다 가고 말아 삼백 예순날 하냥 섭섭해 운다고 노래했다. 나에게도 목련이 지고 천지에 그 자취도 없어지면 그냥 그 한 해가 다 가버린 듯 허전한 느낌을 금할 수 없다.

목련은 내가 치열하게 살았던 20여 년, 지금 생각하면 행복했던 시절, 어머니와 강아지들과 함께 살았던 시간의 추억 속에 가득히 피어 있기 때문이다. "아픈 가슴 빈자리에 하얀 목련이 진다"는 노래도 있지 않은가.

세존께서 어느 날 영축산의 법회에서 아무 말씀 없이 꽃 한 송이를 들어 보이자 대중이 모두 무슨 뜻인지 몰랐는데 다만 가섭존자가 빙그레 웃었다고 한다. 이에 세존께서 "나에게 정법의 안목을 갖추었고[正法眼藏], 열반에 이른 미묘한 마음[涅槃妙心]이며, 상 없는 실상[實相無相]인 불가사의한 법문[微妙法門]이 있느니라. 이는 문자를 세우지 않고[不立文字] 말 밖에 따로 전하는 법[敎外別傳]이니 이를 마하가섭에게 부촉한다"라고 말씀하셨다. 이로부터 이심전심의 선불교가 시작되었다 한다.

왜 세존께서 아무 말씀 없이 꽃을 들어 보이셨을까? 왜 가섭존자가 이를 보고 빙그레 웃으셨을까? 알 길이 없다. 다만 꽃을 사랑하는 나로서는 세존에겐 온 우주가 하나의 아름다운 꽃송이로 보였을지 모른다는 생각이 든다. 그 깨달음의 내용을 대중에게 말씀 없이 전하셨고 가섭존자가 그 뜻을 말씀 없이 알고 빙그레 웃었는지 모르겠다. 우리 중생에게는 이 세계가 고통스럽고 더러운 예토(穢土)로 보이지만 깨달은 분들에겐 청정한 한 송이 아름다운 꽃, 세계일화(世界一花)로 보일지 모르겠다.

세존은 우리에게 온 우주가 너와 내가 다르지 않은 하나의 꽃송이임을, 세계일화임을 가르치시려고 오신 것이 아닐까? 『관음경』에 "비체계뇌진(悲體戒雷震)"이라고 설했다. 부처님은 자비를 몸으로 하여 우레와 같이 우리를 가르치신다는 말씀이다. 지금 지천으로 피어 있는 아름다운 봄꽃들이 모두 우리에게 깨달음의 소식을 우레와 같이 전하는 반야의 꽃들이 아닐까? 우리의 눈이 잠들지 않았다면.

게으름

옛날 어느 선비가 길을 가고 있었다. 괴이한 것은 입을 계속 벌리고 걷고 있는 것이었다. 이를 이상히 여긴 사람이 그 까닭을 묻자 그가 대답했다. 갓을 썼는데 목에 갓끈을 헐겁게 매어 그걸 조여야 하는데 귀찮아서 입을 벌리고 걷는다고. 가히 게으름의 극치라고 할 수 있겠다.

내 서가에 어떻게 꽂혔는지 그 연유를 알 수 없는 책들이 있는데, 그 하나가 러끌레르끄 신부의 『게으름의 찬양』이다. 이 책은 러끌레르끄 신부가 1936년 벨기에 자유학술원의 신입회원이 되어 동료 회원들의 환영사에 대해 답사한 것을 출판한 것이다. 1937년에 한정판 별쇄로 나온 지 한 달 만에 품절이 될 정도로 인기가 있었다.

지난 20여 년간 내 서가를 몇 번 정리했는데, 『게으름의 찬양』은 용케 살아남았다. 그 까닭은 언젠가 내 게으름을 변호할 때가 올 때 도움이 되리라고 생각했던 것 같다.

경기도 북부에 갈 일이 생겼다. 그 기회에 70여 쪽의 이 얄팍한 책을 기차에서 읽으려고 호주머니에 집어넣었다. 나와 『게으름의 찬양』이 지척에서 20여 년 만에 참으로 게으르게 랑데부한 것이다.

『게으름의 찬양』에서 러끌레르끄 신부는 일과 게으름의 관계를 아름답게 서술했다.

"인생의 목적은 무엇이며 행복은 어디에 있는 것입니까? '자꾸 뭘 하고 있으면 뭐가 돼도 되겠지. 우선 해놓고 나중에 봅시다' 하고 현대인은 말합니다. 옛날엔 양반이면 아시다시피 일하기를 부끄러워했습니다. 그러나 그것은 그른 생각이었습니다. 꿋꿋하고 반듯하게 하는 일, 인간적인 가치를 구현하기 위해 하는 일이라면 인간을 들어 높이기 때문입니다. 그런데 오늘은 어떻습니까? 이제는 양반이면 아무것도 안 하기를 부끄러워합니다. 이것 또한 그른 생각입니다. 부질없는 것을 피해 마음의 저 깊이를 되찾게 하는 한가로움을 부끄러워해서야 되겠습니까?"

러끌레르끄 신부는 굳은 의지로 하는 바른 일과 인간적인 가치를 구현하는 일은 인간을 더 높은 차원으로 고양하기 때문에 해야 한다고 말한다. 그런 일은 게으름 피우지 말고 부지런히 하라고 말이다. 그러나 그렇지 않은 일은 부질없는 것인데 거기 묻혀 마음의 깊이를 되찾지 못하는 것은 어리석은 짓이라고 말하고 있다. 부질없는 일에는 게으름을 피우라는 것이다. 그러한 게으름은 비난할 것이 아니라 찬양해야 한다는 것이다. 왜냐하면 그러한 게으름에서, 그 텅 빈 마음에서 뉴턴이나 아르키메데스 같은 사람들의 천재적 영감이 탄생했기 때문이다.

인생의 궁극적 목적이 무엇인가? 불교는 성불이라고 가르친다. 왜냐하면 성불이 인간의 가치를 극한으로 고양하기 때문이다. 성불이 너무 아득한 것이라면 금생에 우리의 인격을 한 단계 더 높이는 것이 현실적인 목적이 될 수 있다. 인격에 무수한 차원이 있다. 아득히 높은 곳에 석가모니, 예수, 공자 같은 분들이 있다. 아득히 낮은 곳으로 형언하기 어려운 비열한 사람들이 있다. 우리는 그 중간의 어느 차원에 속한다고 볼 수 있다.

왜 성불해서 인간의 극한적 가치를 실현해야 하는가? 거기에 그 무엇과도 바꿀 수 없는 진정한 행복과 기쁨이 있기 때문이다.

불교에서 그 세계를 아미타불의 극락세계라 한다. 극락세계는 이곳으로부터 서쪽으로 아득히 먼 곳에 있다. 아득히 먼 곳에서 우리의 존재가 과연 보이기나 할까? 티끌만도 못하리라.

그렇다면 우리가 지금 맹렬히 추구하는 권력, 재산, 명예가 과연 어떤 의미를 가질까? 이곳으로부터 지극히 먼 곳에 아미타불과 극락세계가 있다!

감기

옛 사람이 말했다.

"병이 중생의 최고의 약이다. 병들었을 때에는 무척 기뻐해야 한다. 매사가 뜻대로 되지 않을 때 괴로워하지 말라."

또 다른 이가 말했다.

"살고 죽는 것은 운명이다. 병들었을 때 크게 해탈하는 마음을 내야 해야 한다. 두려워 말고 삶과 죽음이 흘러가도록 놔둬라."

과거는 환영(幻影)과 같다. 현재도 환영과 같다. 미래도 환영과 같다. 이들에 대한 모든 감정을 완전히 놓아버리고 단지 바른 생각만 지키라. 병들었을 때 인내하고 편안한 마음을 지녀라. 초조하게 빨리 낫기를 기대하지 말라. 이것이 빨리 낫는 최선의 처방이다.

모든 집안일을 제쳐놓아라. 복잡한 인연들을 놓아버려라. 마음을 비우고 부처님 명호를 외우라. 단 한순간도 이것을 잊지 않으면 네 업장이 스스로 녹아버릴 것이다. 업장이 사라지면 밤에 편안히 잠들 수 있고 몸과 마음이 다시 건강해질 것이다.

염불하는 사람은 이 사악한 세상을 버리고 극락정토에 왕생하기를 발원해야 한다.

_주굉(袾宏) 대사, 「병든 사람에게」 중에서

한 달이 넘도록 감기에 시달린 적이 있었다. 여러 일로 좀 무리한 탓이리라. 몸은 참 미묘하게 작동하는 기계인 것 같다. 조금만 균형이 깨지면 주의하라는 경고를 준다. 평소에 감기에 잘 걸리는 체질이라 조심하는 편인데 조금만 무리하면 어김없이 찾아온다. 그리고 일정 기간 괴롭히다 떠나간다.

감기는 바이러스가 호흡기관에 감염되어 발생하는데 이를 치료하는 항바이러스제가 없다고 한다. 충분한 휴식과 따뜻한 물이면 충분하다고 한다.

재직했던 대학교에서 막 정년퇴임한 고교 동문들과 저녁을 같이한 자리에서 선배 은퇴 교수들이 이런 말을 했다. 해금(解禁)을 축하한다고. 구속에서 풀려났다는 것이다. 은퇴 후에도 계속 공적인 일을 맡아 바쁘게 지내는 사람이 있는가 하면, 그냥 여러 일에서 손 떼고 한가히 지내는 사람도 있다. 어느 쪽

이 더 좋은 것인지 모르겠다. 나는 후자에 속한다. 그럼에도 불구하고 인간은 사회적 동물이라 챙겨야 할 공적인 일들이 생기는데, 나는 조금 무리하면 감기가 찾아온다.

결국 감기 때문에 유난히 고왔던 그해 단풍구경도 단념할 수밖에 없었다. 대신 아파트 단지 산책으로 만나는 단풍들로 만족해야 했다. 여름내 푸르렀던 단지 내 나무들의 나뭇잎들도 노랑, 빨강 그리고 다갈색으로 곱게 물들어 있었다. 아직 연두색으로 남아 있던 잎들도 있어서 단풍들과 어울려 참 아름다운 조화를 이루었다. 가을도 만추라 그 고운 단풍잎들이 떨어져 길 위에 수북이 쌓였다.

단풍은 잎이 떨어지기 전에 초록색 엽록소가 파괴되어 엽록소에 의해 가려져 있던 색소들이 나타나거나, 잎이 시들면서 잎 속에 있던 물질들이 새로운 색소로 바뀌기 때문에 생긴다고 한다. 나뭇잎들은 병들어 죽어가면서 자신을 아름답게 치장하는 능력이 있는가보다. 우리도 단풍처럼 고운 빛깔로 미련 없이 떠날 수 있을까? 안으로 끝없이 죽어가면서.

열반을 앞둔 육조 스님께 대중이 물었다.

"스님께서 이제 가신다면 언제 다시 돌아오십니까?"

스님이 대답하였다.

"잎이 떨어져 뿌리로 돌아가니 올 때는 입이 없느니라."

『법보단경』을 번역한 불광사 광덕(光德) 스님은 이를 이렇게 풀이했다.

"잎은 봄에 피고 가을에 떨어진다. 간 것은 무엇이며 온 것은 무엇인가? 육조의 면목을 직설한다."

주굉 대사는 병은 업에서 비롯한다고 말씀했다. 병들어 앓는 것은 업장(業障)이 녹는 과정이니 이를 기쁘게 생각하고 모든 것을 놓아버리고 바른 생각을 지키라고 말씀했다. 바른 생각이 무엇인가? 모든 것이 환영과 같으니 집착하지 말라는 것이다.

『금강경』에서는 과거의 마음을 잡을 수 없고, 현재의 마음도 잡을 수 없고 미래의 마음도 잡을 수 없다고 했다. 붙잡을 수 없는 이러한 허망한 마음 위에 세워진 세계에 집착할 무엇이 있겠는가? 모두 환영이다.

바른 생각을 지키는 것이 무엇인가? 우리의 본래면목을 직시하는 것이다. 본래면목이 무엇인가? 청정자성(淸淨自性)이고 아미타불이다. 청정자성은 텅 비어 가는 것도 없고 오는 것도 없다. 업도 없고 업이 소멸하는 병도 없다.

아미타불 염불은 바로 우리의 본래면목인 청정자성을 관하는 것이다. 이러한 까닭으로 염불이 모든 병을 치료하는 만병통치약이라고 한다. 병들었을 때 모든 잡된 인연을 놓아버리고 일심으로 염불하는 것이 최고의 처방이라고 주굉 대사는 말씀한다. 감기도 병이고 업장이다.

만남

우스갯소리가 있다. 50대에 건강하고 적당히 곡차를 즐길 수 있으면 가문의 영광이고, 60대에 그럴 수 있으면 국보적 존재이고, 70이 넘어도 그렇다면 우주의 불가사의란 것이다. 자랑할 것이 되는지 모르겠지만 나도 이제 우주의 불가사의가 된 것 같다. 어느 옛 스님은 매일 공부를 점검하고 도를 깨닫지 못했으면 대성통곡했다는데, 그 근처에도 가보지 못하고 불가사의한 존재가 되었으니 부끄러운 일이다. 그러나 아직 건강하다는 것은 희망이 있음을 의미한다.

초중고 시절에 내가 콤플렉스를 느낀 두 분야가 있다. 체육과 미술이다. 운동에는 도통 소질이 없었다. 그럼에도 불구하고 이제까지 건강을 유지하고 있는 비결이 무엇인가? 걷는 것이다. 시간이 나면 무조건 걸으려고 하고 그 덕분에 그런대로 건강을 유지하고 있다. 누군가 건강이란 단지 하고 싶은 일을 하는 데 지장이 없는 신체적 컨디션을 뜻한다고 했다.

아파트 단지 내 동 사이로 난 길들이 나의 산책코스다. 우리 아파트 단지에는 장미나무가 있어 꽃이 피면 그 모습이 무척 아름답다. 아무리 보아도 싫증나지 않는다. 그런데 올해는 장미 덤불 사이의 공터에서 눈부시게 예쁜 꽃 한 송이를 발견했다. 양귀비다. 가느다란 연두 빛깔의 줄기 위에 참으로 심플하고 고혹적인 꽃송이가 달려 있다. 당나라 현종의 애첩 양귀비가 저렇게 예쁜 여인이었다면 현종이 반한 것도 무리가 아니리라.

영산강변의 드라마 《주몽》의 촬영지에 간 적이 있다. 찾아오는 사람들이 적어 쓸쓸했는데 길섶에 피어 있는 양귀비의 무리가 참으로 고혹적이었다. 한참 동안 양귀비의 예쁜 자태를 바라보았다. 떠날 때 양귀비를 또 보고 싶다는 생각이 들었다. 그 까닭인가? 올해 우리 아파트에 양귀비가 찾아온 것이. 만남이 우연이 아니고 바람이었다고 노래하는 유행가 가사에 진리가 있다고 생각한다.

한 지방대학 총장이 부도덕한 사업가와의 만남 때문에 자살한 비극이 있었다. 그는 평소 만남을 귀중하게 생각했다는데 만남 때문에 결국 비운을 맞게 되었다. 사업가는 총장과의 만남을 열렬히 바랐을 것이다. 그 만남은 우연이 아니고 사업가의 바람이었다. 총장의 경우는 어떤가? 만약 그가 그 사업가 아닌 다른 사람을 만나길 간절히 바랐다면 그 만남이 이루어졌을까?

요즘 『아미타경』을 주로 독송한다. 각박한 세상에서 『아미타경』을 읽으며 아름다운 극락정토를 생각하면 마음이 편안하고 즐거워지기 때문이다. 황금의 땅, 칠보(七寶)의 연못, 청·황·적·백의 아름다운 연꽃, 천상의 음악, 허공에 내리는 만다라꽃들, 아름다운 빛깔의 새들은 상상만 해도 탁한 마음이 정화된다.

『아미타경』에서 석가모니는 극락정토에의 왕생을 권한 이유로 극락세계에 보살, 아라한 등 수많은 선지식 수행자들이 많기 때문이라고 설하신다. 선지식과의 만남을 왕생해야 할 이유로 든 것이다. 우리의 일생에서 타인과의 만남이 얼마나 중요한가를 시사하는 대목이다.

사바세계에서 도 닦기 어려운 이유가 악연으로 맺은 사람들이 우리의 수행을 방해하기 때문이라고 한다. 극락세계에는 이러한 악연이 없고 모두 우리의 성불을 돕는 선지식들만 있다. 따라서 일단 서방정토에 왕생만 하면 틀림없이 성불한다. 즉 누구나 불퇴전(不退轉. 불도를 닦는 길에서 물러남이 없는 경지)의 지위에 이른다. 이렇기 때문에 부처님이 지극한 자비심으로 간곡히 정토왕생을 권하신 것이다.

사바세계의 중생들이 수행에 성공하려면 선지식들을 만나야 한다. 수많은 선지식들이 있다. 눈 밝지 않은 중생이 참된 선지식을 찾기 쉽지 않다. 이 경우에 대비해서 부처님은 염불의 가르침을 주셨다. 『관음경』에 일심으로 관세음보살을 생각하면 모든 어려움을 면한다고 설했다. 또 항상 관세음보살을 염불하면 탐(貪), 진(瞋), 치(癡) 삼독심(三毒心)에서 해탈한다고 설했다. 탐, 진, 치에서 해탈하면 성불이 아니고 무엇인가?

아미타불과 모든 불보살의 본원은 중생제도에 있다. 우리가 간절한 마음으로 불보살을 생각할 때 우리와 불보살의 만남이 이루어진다. 우리는 이러한 만남을 통하여 모든 괴로움에서 해탈하여 성불할 수 있다. 만약 자살한 대학 총장이 염불로 불보살을 자주 만났다면 부도덕한 사업가와의 만남은 없지 않았을까? 염불할 때는 오직 불보살만 만나기 때문이다.

미망의 꽃잎

T. S. 엘리엇(T. S. Eliot)은 그의 유명한 시 「황무지」에서 4월을 이렇게 노래했다.

4월은 가장 잔인한 달
죽은 땅에서 라일락을 키워내고
추억과 욕망을 뒤섞고
잠든 뿌리를 봄비로 깨운다

4월이 가장 잔인한 달이라는 엘리엇의 이 노래는 적어도 2007년 4월 버지니아 공과대학에는 들어맞았던 것 같다. 이 대학에서 영문학을 전공하던 조승희가 죽은 땅에서 향기로운 라일락이 피어나는 4월을 가장 잔인한 황무지의 달로 만들었다. 봄비가 그에게 추억과 욕망에 뒤섞여 오랫동안 잠들었던 분노와 절망의 뿌리를 깨웠던 탓일까?

조승희는 8세 때 그 부모가 미국에 이민 간 한국인 1.5세대였다. 서울에서 경제적으로 어렵게 살았던 그의 부모는 말하자면 '아메리칸 드림'을 좇아 이민을 떠난 셈이다. 미국에서 세탁소를 운영하면서 거의 주말도 없이 1년 내내 일했다고 한다. 척박한 환경에서 그들의 꿈을 실현하고자 몸부림쳤을 것이다. 그들의 꿈이 무엇이었을까? 아마도 자식들에게 좋은 교육을 시켜 우리나라에서 어렵다고 생각된 좋은 미래를 보장하는 것이 아니었을까? 그러나 그들의 꿈은 미국 최악의 총기난사로 봄날 세찬 비바람에 지는 라일락 꽃잎처럼 허무하게 스러지고 말았다. 참으로 어처구니없는 비극적 종말이다.

무엇이 잘못되었던 것일까? 왜 이 끔찍한 일이 일어났을까? 조승희는 NBC 방송에 발송한 그의 메모에서 범행동기를 다음과 같이 밝혔다 한다.

"너 때문에 이 짓을 했다(You have caused me to do this)."

미국 수사기관은 범행의 동기가 된 그 "너"의 구체적 신원을 밝혀내지 못했다. 국내외 범죄학자들과 정신병리학자들도 형이상학적 측면에서 그 "너"를 만족스럽게 설명하지 못했다. 기껏해야 자폐증적인 고독, 열등의식, 현실적 좌절감에서 비롯한 사회에 대한 분노 등의 엉성한 진단을 내렸을 뿐이다. 그러나 그의 고독, 열등의식, 분노 등은 어떤 원인들에서 비롯하였고, 또 그 원인들의 원인은 무엇인가? 이러한 추구의 종말은 어디인가?

『반야심경』에서는 이렇게 설했다.

"모든 현상의 바른 모습은 원인 없이 생기지도 않고 원인 없이 없어지지도 않는다[是諸法空相 不生不滅]."

부처님의 12연기법을 보자 죽음[死]의 궁극적 원인은 무명(無明)이다. 진리에 대한 어두움, 우주와 인간의 실상에 대한 미망은 결국 비극적인 죽음으로 결말이 난다는 가르침이다.

부처님은 이미 2500년 전에 조승희의 그 "너"를 분명히 밝혀 주셨다. 여기서 우리는 자녀교육에 연관된 매우 중요한 통찰을 얻을 수 있다. 세속적인 현상계에서 우리의 꿈을 달성할 수 있는 가장 확실한 길은 결국 진리를 추구하는 보살도에서 벗어날 수 없다는 것이다. 이 점을 우리 자녀들에게 분명히 가르쳐야 한다.

단순한 의지와 노력은 그것이 보살도에서 일탈했을 때 미망의 꽃잎으로 허무하게 져버릴 뿐이다. 4월에 져버린 조승희 가족의 꿈처럼.

『반야심경』에서는 또 이렇게 설했다. "오직 진리에 충실한 것만이 허망하지 않다[眞實不虛]."

불사조

어느 학회 때 서울대학교 부임 초기의 제자인 K박사를 만났는데, 자신이 국책연구소의 거제도 지부장으로 갔으니 근처에 올 기회가 있으면 들르라고 했다. 거제도, 언제고 한번 가보고 싶은 곳이었다. 그 지역으로는 여행한 적이 없었기 때문이다. 가급적 제자들에게 민폐를 안 끼치려는 주의지만 기회 봐서 들르겠다고 약속했다.

그 뒤 한 달은 논문을 쓰며 보냈다. 학회에서 내 전공분야의 특별호를 발간한다고 해서 논평(review)을 기고하기로 했다. 논문에는 여러 가지 형태가 있다. 그중 하나가 논평인데, 어떤 학문분야의 장기간에 걸친 연구 성과를 종합하고 평가하는 작업이다.

흔히 논문의 가치는 독창성에 있다고 말한다. 이제까지 몰랐던 새로운 사실을 발견하는 것이 중요하다. 논문은 대체로 한 문제를 좁고 깊이 천착하여 수확한 업적이다. 그러나 학문 분야가 너무 세분화되어 자기 전공 연구에만 매달리다 보면 전공학문 전반에 대한 넓은 시야를 잃어버리게 된다. 이를 보완하기 위하여 가끔 수십 년의 연구 성과를 종합하고 평가하는 작업이 필요하다. 이러한 형식의 논문이 논평이고 보통 학계의 원로가 집필한다.

대학에서 은퇴했으니 나도 학계의 원로가 된 셈이다. 내 전공분야의 젊은 신진학자들을 위해서 논평을 쓰는 것이 도움이 되리라 생각해서 일을 시작했으나 만만한 작업이 아니었다. 지난 30여 년간 나와 다른 학자들의 연구를 포괄하여 공정하고 균형 잡힌 논평을 쓰려다 보니 내 서재의 바닥에 논문들이 가득히 쌓였다. 투고마감일 하루 전에야 집필을 마칠 수 있었다. 원고를 학회로 보내고 나니 피로와 권태가 가득히 밀려왔다. 그리고 어딘가로 떠나고 싶었다.

K박사에게 전화로 거제도에 가려면 부산에서 배를 타면 되느냐고 물었더니, 그가 웃으며 서울에서 거제도 직행버스가 있다고 했다. 도착한 날 저녁 장승포 어느 횟집에서 K박사와 그의 동료들과 식사를 했다. 지나간 일들을 이야기하며 많이 마셨다. 그도 기분이 좋은지 다시 또 만나자고 해 다음에는 눈 오는 겨울날 그의 집이 있는 인천의 연안부두에서 만나기로

했다.

다음날 거제도를 돌아보고 저녁에 통영으로 왔다. 아침에 케이블카를 타고 미륵산에 올랐다. 산의 정상에서 바라보는 다도해의 정경은 참 아름다웠다. 검푸른 바다 위에 수많은 섬들이 예쁜 꽃송이처럼 점점이 떠 있었다. 미륵산에서 오랫동안의 내 국사 숙제를 풀 수 있었다. 부끄러운 이야기지만 그때까지 임진왜란 때 충무공 이순신 장군이 대첩을 거둔 한산도가 어디에 있는지 모르고 있었다. 미륵산에서 충무공이 학익진을 펼쳐 왜군을 대파한 한산도 앞바다를 환히 바라볼 수 있었다.

통영은 한때 '충무'라고 불린 것처럼 충무공 이순신 장군의 숨결이 생생하게 느껴지는 곳이었다. 통영 앞바다에 한산도가 있고 그 주위에 임진왜란 때 충무공이 왜적을 물리친 격전지들이 펼쳐져 있었다.

오후에는 배를 타고 한산도에 갔다. 해송과 동백나무가 있는 섬에 이르자 숙연한 기분이 들었다. 한산도의 제승당은 임진왜란 때 삼군통제사 충무공의 작전본부였다. 여기서 충무공이 왜적으로부터 나라를 구하려고 일편단심 노심초사한 것이다. 제승당의 수루에서 충무공은 앞바다를 바라보며 나라를 위하여 기도하고 "한산섬 달 밝은 밤에"로 시작하는 우국충정의 시를 남겼다 한다.

우리의 어떤 생각과 행동도 업으로서 우주법계에 메아리친다. 큰 업은 크고 오래 메아리치고 작은 업은 작고 짧게 메아리친다. 아름다운 업은 아름답게 메아리치고 추한 업은 추하게 메아리친다. 우리는 그 메아리에서 사라진 사람들의 숨결을 느낀다. 통영에서 누구나 충무공의 생생한 숨결을 느낀다. 충무공은 아직 충무에 살아 있는 것이다.

석가모니는 모든 것이 변하니 쉬지 말고 정진하라고 했다. 쉬지 않고 정진하는 사람은 죽음을 초월한다. 시인 폴 엘뤼아르(Paul Eluard)는 죽음이 홀로 왔다가 홀로 간다고 했다. 그리고 삶을 사랑한 사람만이 홀로 남는다고 했다. 삶을 뜨겁게 사랑한 사람만이, 자기가 마땅히 해야 할 일에 최선을 다하는 사람만이 죽지 않는다, 불사조처럼.

얼굴

사랑하기 이전부터
기다림을 배워버린 습성으로 인해
온밤 내 비가 내리고
이젠 내 얼굴에도 강물이 흐른다
가슴에 돌단을 쌓고
손 흔들던 기억보다 간절한 것은
보고 싶다는, 보고 싶다는 단 한마디

_박인환 「얼굴」 중에서

낚시꾼 친구들이 한탄강에 간다고 해서 따라나섰다. 실은 나는 낚시라곤 해본 적이 없다. 그냥 강에 가고 싶어서 나선 것이다. 신록이 눈부신 봄 경기 북부는 외로운 정적이 흐르고 있었다. 들에는 모내기 준비가 한창이었지만 휴전선에 가까워질수록 인적이 드물어졌다. 우리는 한탄강 유원지 캠핑장에 여장을 풀었다. 한적한 주중의 캠핑장에 만발한 철쭉이 우리를 반겨주었다.

친구는 강 속의 모래판을 건너가 낚싯줄을 드리웠다. 하오의 햇살이 강물에 반뜩이고 시원하게 부는 바람에 풀이 나부끼고 있었다. 물결은 빛줄기를 튕기며 잔잔히 흘러갔다. 나는 강가에 앉아 그저 흘러가는 강물을 하염없이 바라보기로 했다. 그러기 위해 따라온 것이었다.

요즘 취미가 하나 생겼는데, 동네 뒷산 벤치에 그저 하염없이 앉아 있는 것이다. 바람에 흔들리는 나뭇잎을 보며 사념에 빠져든다. 어린 시절이 아련한 그리움으로 가슴에 여울져 흘러간다.

몇 년 전 한 친구에게서 점심을 하자는 연락이 왔다. 그는 교통사고를 당한 후 소지품을 정리하고 있었는데, 초등학교 3학년 때 사진에서 나를 발견했다고 했다. 담임선생님 주위로 꼬맹이들이 모여 있었다. 나에겐 참으로 귀한 사진이었다. 6·25 때 여러 곳을 옮겨 다니느라 많은 것들을 잃어버렸기 때문이다. 그 사진에서 내 얼굴을 찾아내는 데 한참이 걸렸다. 지금 모습과 사뭇 다른 그리운 얼굴이었다.

어릴 때 두 할머니와 누나 그리고 어머니와 함께 살았다. 누나와는 11살 터울이었다. 내가 태어나자 귀한 녀석이라고 많은 친척들이 집에 보러 왔는데, 너무나 볼품없는 나를 보고 실망했다고 한다. 고개조차 제대로 돌리지 못한 걸 보고 지진아가 아닌가 하고 속으로 걱정들을 했다고 한다. 내 두 다리는 조금 휘었는데, 10여 년 만에 본 그 볼품없는 손자를 할머니가 너무 많이 업고 다녔기 때문이다.

동생이 없어 5살 때까지 젖을 먹었다. 6살이 되자 초등학교에 가야 한다고 했다. 친척 형 손을 잡고 논길을 힘겹게 걸어서 초등학교에 다녔으나 두 달 후에 퇴출되었다. 이유는 수학(受學) 불능이었다. 그러나 그 통에 젖을 떼었다. 어쩌면 젖을 떼기 위한 할머니들의 계략이 성공한 것이었는지 모른다.

저물어가는 한탄강에서 낚시꾼은 고기를 낚고 나는 흘러가는 강물에 어른거리는 그리운 얼굴들을 낚고 있었다. 어머니와 할머니들. 그 얼굴들을 다시 볼 수 있을까? 시인 박인환은 사랑하기 이전부터 기다림을 배워야 한다고 했다. 온밤 내 비가 흘러야 한다고 했다. 내 얼굴에 강물이 흘러야 한다고 했다. 가슴에 돌단을 쌓고 간절하게 손을 흔들어야 한다고 했다. 보고 싶다는, 보고 싶다는 단 한마디 말을 위하여.

초등학교 3학년 때 사진에서 내 얼굴을 찾는 데 왜 한참이 걸렸을까? 지금 내 얼굴과 다르기 때문이다. 그래도 변하지 않은 부분이 있기 때문에 나를 찾아낼 수 있었다. 얼굴이 무엇인가? 시작을 알 수 없는 아득한 과거로부터 내가 쌓은 업의 총체적 표현이다. 『반야심경』에서는 "색즉시공(色卽是空)"이라고 설했다. 내 마음에 새겨진 무수한 업들이 얼굴로 나타난 것이다. 시간 속에서 지난 업들이 사라진다. 왜냐? 유위법이기 때문이다. 그러나 미처 사라지지 않은 업들이 남아 있다. 그 사라지지 않은 업들이 까마득히 어린 시절의 내 얼굴을 찾게 해준다.

"부모에게 태어나기 전 네 본래 얼굴이 무엇인가?"라는 화두가 있다. 그 얼굴이 어떻게 생겼나 말할 수 있는 사람이 있는가? 그 얼굴을 찾기 위해 우리는 수많은 얼굴로 태어난다. 그리고 수많은 그리운 얼굴들이 생겨난다.

가슴에 돌단을 쌓고 무수히 손을 흔들어야 하나? 온밤 내 비가 흐르는 수많은 밤이 지나야 하나? 우리 얼굴에 끝없는 강물이 흘러야 하나? 얼굴 없는 그 얼굴을 만나기 위해.

> 마음은 경계 따라 흘러가지만
> 흘러가는 곳 실로 알 수 없어라
> 흐름 따라 흐름 없는 것을 안다면
> 기쁨도 슬픔도 없으리라
> _마나라 존자

잘 살고 잘 죽는 법

최근에 잘 살기(well being)와 잘 죽기(well dying)가 국민들의 주요한 관심사로 부각된 것 같다. 우리가 가난하던 시절에는 한 끼라도 때우는 것이 문제였지만 이제 국가경제가 성장하여 다른 문제가 발생하였다. 국민들이 너무 잘 먹게 되어, 특히 육식을 많이 해서 비만, 당뇨, 고혈압 등 못 먹던 시절에 드물었던 성인병으로 고통받는 사람들이 많아졌다. 이에 대한 대책으로 건강을 잘 관리하여 오래 잘 살자는 뜻에서 잘 살기, 즉 웰빙에 국민들의 관심이 고조되는 것 같다. 웰빙을 위해 음식 조절, 운동, 명상 등 여러 가지 방법들이 제시되고 있다. 너무 다양한 방법들이 제시되어 갈피를 잡기가 어려울 정도이다.

잘 살기와 더불어 잘 죽기도 등장하였다. 오랫동안 병들어 고생하다가 죽는 것보다 잘 살다가 갈 때가 되면 금방 가는 것이 바람직한 것은 말할 필요도 없다. 병들어 고생하는 삶은 잘 사는 삶이 아니기 때문에 잘 죽는 것은 결국 잘 사는 것이 되리라.

한 인생의 총결산은 죽음에서 판정된다는 말이 있다.

잘 죽는 법과 연관해서 주굉 대사의 일화가 생각난다. 스님이 어릴 때 이웃집의 노파가 하루에 수천 번씩 염불하는 것을 보고 이상히 생각하여 그 연유를 물어보았다. 노파의 남편은 염불을 하더니 병 없이 지내다 사람들을 불러놓고 작별인사까지 하며 아주 잘 죽었는데, 자기도 그렇게 잘 죽으려고 염불한다는 것이었다. 노파에게 잘 죽는 법은 아주 간단했다. 그저 열심히 염불하는 것이었다.

요즘 이야기되는 웰빙의 방법들에서 공통된 것은 음식은 가급적 육류 섭취를 피하고 과일과 유기농의 채소를 많이 먹자는 것인 듯하다. 그렇게 하면 성인병은 줄어들게 된다. 그러나 육체적 건강과 연관하여 고려되어야 할 중요한 사항이 있다.

건강을 위한 목표가 단순히 오래 살자는 것이라면 문제가 되리라 생각한다. 도대체 얼마나 더 오래 살아야 할 것인가? 또 왜 오래 살아야 하는가? 오래 사는 것에 대한 생각이 『금강경』에서 설하는 "수자상(壽者相)"이다. 이 세상에 태어나 할 일을 다했거나 또 그럴 능력이 없으면 떠날 줄 알아야 한다. 할 일도 없고 능력도 없으면서 가족이나 주위사람들에게 폐가 되면서까지 오래 살려고 발버둥치는 것은 보기에 민망하고 또 부처님의 가르침에도 어긋난다.

여기서 생각해야 할 중요한 문제는 두려움이 없이 떠나려면 죽은 후 갈 곳에 대한 명확한 인식이 있어야 한다는 것이다. 그래야만 우리가 수자상을 버릴 수 있기 때문이다. 죽은 후 갈 곳을 몰라 불안해한다면 그동안의 불교수행이 어떤 의미를 갖게 될 것인가?

웰빙을 위한 여러 가지 명상들은 또 어떠한가? 전 송광사 방장 일각 스님은 "지저분한 생각들"이란 말을 즐겨 쓰셨다. 우리의 생각들이 거의 지저분한 것들이라는 말씀이다. 또 마음 놓고 살라는 말씀도 하셨다. 이 말씀들을 종합하면 지저분한 생각들, 즉 분별하는 마음들을 놓아버리고 잘 살라는 말씀이다. 승찬 대사의 『신심명』에도 가장 잘 사는 법이 어렵지 않으니 단지 지저분한 생각들을 피하라고 했다. 즉 잘 살기 위한 최고의 명상법은 지저분한 분별심인 마음을 놓아버리라는 것이다. 단 이 방법은 최상의 근기를 가진 사람에게만 유효한 것이 문제라고 생각한다.

더욱 보편적이고 대중적인 방법으로서는 염불이 좋다. 염불은 살아 있을 때 시방 부처님의 보호와 도움을 받고 죽은 후 극락왕생이 보장된다. 이보다 더 잘 살고 더 잘 죽는 법이 어디에 있을까? 잘 사는 법이 결국 잘 죽는 법이다.

빗속의 천진불

고독은 비와 같다

고독은 바다에서 저녁을 향해 오른다

고독은 아득히 외딴 평원에서

언제나 고독을 품고 있는 하늘로 향한다

그리하여 비로소 도시 위에 떨어져내린다

_릴케, 「고독」 중에서

최근 내 일상에 하나의 일과가 생겼다. 매일 손자를 아파트 앞 유치원에 에스코트하는 일이다. 천방지축 날뛰는 그 녀석의 손을 잡고 걸으면 생기발랄한 어떤 에너지가 내 몸에 전달되는 것을 느낀다. 비가 오는 날이면 우산으로 비를 가려주려고 해도 길 바닥에 물이 고인 곳이 있으면 기어코 그곳을 밟으려고 한다. 제 엄마에게 야단을 맞아도 소용이 없다. 그 녀석에겐 비가 전혀 불편하지 않다. 그저 즐거울 뿐이다.

비는 물(H_2O)이 대기 중에 순환하는 과정에서 발생한다. 대기는 대체로 78%의 질소와 21%의 산소 그리고 나머지 1%는 다른 기체들로 구성되어 있다. 나머지 기체의 대부분이 아르곤이고 물은 수증기의 형태로 미량 포함되어 있으며 그 함량의 변화가 크다. 이 미량의 수증기가 구름이나 비, 눈 등을 만들어 날씨의 주요 변수가 된다.

물은 대기의 주성분 기체인 산소나 질소와는 달리 지구상의 기후조건(온도와 압력)하에서 상변화를 하여 기체에서 액체 그리고 고체로 변할 수 있다. 그 반대의 과정도 일어난다. 산소와 질소는 영하 200℃ 이하의 매우 낮은 온도에서 상변화를 한다. 물이 상변화하는 과정에서 일정한 온도를 유지하며 주위에 열을 방출하거나 또는 흡수한다. 이 열교환이 날씨에 매우 중요한 역할을 한다.

대기의 일부가 상승하면 기압이 강하하여 팽창하면서 주위의 대기를 밀어내며 일을 하고 그 일에 해당하는 에너지만큼 온도가 내려간다. 온도가 내려가면 대기가 포함할 수증기량이 감소하여 이슬점온도 이하로 내려가면 수증기의 일부가 응결하여 구름이 된다. 지구온난화로 대기의 온도가 상승하면 더 많은 수증기를 포함할 수 있게 되어 지구 전체에 더 많은 양의 강수가 발생한다.

비는 구름에서 발생한다. 구름을 구성하고 있는 입자들은 매우 작아서 그 지름이 대략 100만분의 1cm이다. 영하의 차가운 구름에서 이 입자들은 얼음 또는 과냉각된 물로 존재한다. 이 입자들이 수백만 개가 모이면 눈송이가 되어 낙하하면서 비로 변한다. 온도가 영상인 따뜻한 구름에서는 소금입자와 같은 흡습성 응결핵에 물방울들이 모여 큰 물방울들이 생기면 빠르게 낙하하면서 작은 물방울과 충돌하고 결합하여 비가 되어 내린다.

바다에서 물이 증발해서 수증기가 되어 대기로 유입한다. 대기의 일부가 상승하면 냉각하여 구름을 형성한다. 구름으로부터 비나 눈이 육지나 바다 위에 내린다. 육지에 내린 비는 강물로 바다로 흘러가거나 지표에서 증발하여 대기로 돌아간다. 대기로 돌아간 물이 다시 비나 눈이 되어 바다나 육지로 돌아온다. 이리하여 물은 대기와 바다, 육지에서 끊임없이 그 모습을 바꾸는 상변화를 하며 순환한다. 물의 순환과정에서 비가 내린다.

릴케는 도시 위에 떨어지는 비에서 물의 순환과 고독을 함께 보았다. 물은 저녁때에 바다에서 그리고 아득히 외딴 평원에서 언제나 고독을 품고 있는 하늘로 올라간다. 릴케는 그 물이 새벽에 비로 도시에 내리고 강물이 되어 다시 바다로 고독하게 흐른다고 노래한다. 이것이 시인 릴케의 뛰어난 감성이다. 봄비 내리는 충무로에서 현인은 쇼윈도 글라스에 흐르는 눈물을 보았다. 신중현은 빗속에서 노란 레인코트에 검은 눈동자의 잊지 못할 여인을 보았다. 만법유식(萬法唯識)이다. 모두가 자기의 업식으로 만물을 본다.

내 손자는 내리는 빗줄기가 그저 즐거울 뿐이다. 몸이 비에 젖어도 아랑곳하지 않고 그저 길바닥에 고인 빗물을 밟으려고 애쓴다. 그 녀석에겐 비와 연관된 과거도 없고 지식도 없다. 그저 신선한 감각으로 비를 즐기고, 시간 없는 영원한 현재로 비를 느낀다. 시간 없이 마음 없이 사는 사람이 도인이 아닐까?

윌리엄 워즈워드는 「무지개」에서 "어린이는 어른의 스승"이라고 했다. 아이들은 어른과 달리 언제나 신선한 감각으로 순간순간을 살아간다. 바로 천진불(天眞佛)이다.

죽음

하루에 수백 mm가 넘는 기록적인 폭우가 내리더니 우면산에 산사태가 났다. 주변의 아파트와 주택단지를 휩쓸어 사망자가 발생했고, 재산피해도 컸다. 아무도 예측하지 못한 재난이었다. 우리 아파트에도 엄청난 토사가 밀려왔다. 토사는 아파트의 지하실을 메우고 길바닥에 질펀히 깔렸다.

구청 직원들과 군인들이 동원되어 지하실과 길바닥에 쌓인 토사를 제거하는 데 며칠이 걸렸다. 아파트 뒷길은 내 산책로다. 그곳에 홍수가 날 경우 물이 빠지도록 일층 밑에 좁은 배수로가 있었다. 고양이 가족이 배수로에 살고 있었는데 몇 마리 새끼들은 내 손자의 애완동물이었다. 그런데 밀려온 토사로 그 배수로가 흔적 없이 사라져버렸다.

내 손자는 제 할미가 치즈를 잘게 잘라주면 고양이 새끼들에게 던져주며 재보시를 수행하고 있었다. 때로 새끼들이 어미를 따라 배수로에서 나와 주차장의 차 밑으로 들어가면 손자 녀석은 길바닥에 고개를 처박고 그들을 헤아려보곤 했다. 토사가 걷힌 후 아파트 뒷길에 가보니 고양이는 보이는데 새끼들이 보이지 않는다. 아마 순식간에 덮친 토사로 미처 피하지 못하고 비명횡사한 것 같다. 안타까운 일이다.

다음에 그 길에 가면 손자 녀석이 고양이 새끼들을 찾을 것이다. 왜 새끼고양이의 울음소리가 들리지 않느냐고 물을지도 모른다. 왜 그들이 보이지 않느냐고 물을 때 무어라고 대답해야 하나? 새끼들이 아마 죽었을 거라고 말해야 하나? 죽음이 무어냐고 물으면 어떻게 대답하나? 또 왜 죽느냐고 물으면 어떻게 하나?

석가모니가 어느 날 카빌라성의 궁궐에서 길거리에 나가 죽음을 보게 되었다. 사람들이 어떤 사람을 널판에 메고 가다가 장작더미 위에 내려놓고 불을 질렀다. 불길이 머리와 발을 삼켜도 그 사람은 움직이지도 않고 말도 하지 않았다. 석가모니는 이를 보고 큰 충격을 받았다. 같이 간 마부 찬다카에게 그 까닭을 묻자 그 사람이 죽었기 때문이라는 대답을 들었다. 찬다카는 또 이 세상 누구도 죽음을 피해갈 수 없다는 것을 알려주었다.

궁궐에 돌아온 석가모니는 깊은 생각에 잠겼다. 그 자신은 물론이거니와 사랑하는 아내 야소다라 공주와 그리고 아버지 수도다나 왕도 죽음을 피할 수 없다. 언젠가 헤어져야 한다. 모든 사람들이 언젠가 죽게 된다니 참으로 두려운 일이다. 이것을 피할 수 있는 길이 있을까? 아무도 그 길을 모르고 있다. 석가모니는 오래 번민한 끝에 스스로 그 길을 찾겠다고 결심했다, 사랑하는 가족과 모든 사람들을 위해서.

궁궐에서는 죽지 않는 길을 찾으려는 것이 불가능함을 깨달은 석가모니는 마침내 29세에 출가하였다. 갖은 고행을 한 후 35세가 되던 어느 겨울밤 석가모니는 나이란자나 강가의 보리수 아래 앉아 깊은 명상에 잠겨 있었다. 자기 생명의 근원을 찾고 또 찾았다. 그리하여 동틀 무렵 마침내 영원히 죽지 않는 길을 발견했다. 그리고 부처님이 되었다.

친구들과의 어느 저녁모임에서 한 친구가 명상을 하니 건강이 좋아지고 마음이 편안하고 일의 능률이 오른다고 말했다. 옆에 있던 기독교인 친구가 나에게 명상이 무엇인가 하고 물었다. 나는 우리에게 변하는 것이 있고 변하지 않는 것이 있는데, 변하지 않는 것에 주의를 기울이는 것이 명상이라고 말했다. 그 친구는 후에 내 말에 큰 충격을 받았다고 했다. 그는 우리에게 변하지 않는 부분이 있는 것을 전혀 몰랐던 모양이다.

아파트 뒷길에 고양이 새끼들의 울음소리는 사라졌다. 늦여름 매미 울음소리만 한창이다. 그러나 고양이 새끼들의 울음소리를 듣는 우리의 성품은 결코 사라지지 않는다. 죽지 않는다. 병들지도 않는다. 그 성품은 언제 생긴 것도 아니다.

소리를 듣는 성품, 아니 일체를 지각하는 성품이 모든 중생의 본질이다. 이것을 깨달을 때, 아침에 도를 들으면 저녁에 죽어도 좋다는 공자의 말을 이해할 수 있다. 이 세상의 삶과 죽음은 하나의 드라마와 같고 이를 객석에서 보는 관객은 영원하다. 어떤 생명도 본질적으로 결코 죽지 않는다.

20여 년 전 일각 스님이 나에게 말씀했다. 한 생각이 일어나는 것이 삶이고 그 생각이 사라지는 것이 죽음이라고. 생각 없이, 분별없이 사는 것이 죽음을 초월하는 길이다.

지극한 도가 어렵지 않다

오직 간택하는 것을 꺼릴 뿐이다

_승찬(僧瓚) 대사, 『신심명』

콘서트 7080

나는 중학교를 다도해를 바라보는 어느 아름다운 항구에서 다녔다. 6 · 25 때라 시골학교였지만 우수한 교사들이 피난 와 열성적으로 우리를 가르쳤다. 그때 우리 학교에 하모니카밴드가 있어 종종 연주회를 가졌다. 나는 그 연주들을 즐겼다. 어느 맑은 가을 오후였던가? 밴드가 연주한 이바노비치(Iosif Ivanovici)의 아름다운 「다뉴브 강의 잔물결」이 남해 하늘로 흘러갈 때 느낀 감동이 아직도 내 가슴에 여울진다.

기억에 남는 선생님이 많은데 그중의 한 분이 물상(物象) 선생님이다. 드라이한 유머감각을 가진 분으로 취미와 좋아하는 색깔을 묻는 교지(校誌)에 몰취미이고 무색이라고 답했다. 요즘 내 취미가 무어냐고 물으면 몰취미라고 대답할 것 같다. 유학생활을 마치고 귀국하여 참으로 바쁘게 살았고 그 통에 그리 많지도 않았던 취미들이 모두 사라져버렸다. 별 재주가 없는 위인이라 해야 할 일에 매달리느라 취미고 뭐고 멋 부릴 여유가 없었다.

영화관에 가본 지도 10년이 넘은 것 같다. TV도 뉴스나 스포츠 외에는 별로 보지 않았다. 드라마는 거의 담을 쌓았다. 그 이유는 간단하다. 스토리가 너무 골치 아프기 때문이다.

영국이 전성기를 누렸던 빅토리아 여왕 때 유명한 재상이 벤저민 디즈레일리(Benjamin Disraeli)이다. 그는 유대인으로서 여러 가지 사회적 제약을 극복하고 재상의 지위에 오른 천재였다. 그런 그가 연상의 무지한 여인과 결혼했다. 친구들이 왜 그 같은 천재가 무지한 여인과 결혼했느냐고 묻자 이렇게 대답했다고 한다.

"나는 밖에서 머리 좋은 수많은 사람들과 머리싸움 하느라 지쳐 집에 돌아간다네. 집에서조차 머리 좋은 사람과 머리싸움을 해야 되겠는가? 집에서는 그저 푹 쉬고 싶을 뿐이야."

그런데 은퇴 후 고맙게도 내가 즐겨보는 TV프로그램이 생겼다. 바로 KBS의 《콘서트 7080》이다. 이 프로그램만은 특별한 일이 없는 한 빠지지 않고 본다. 《콘서트 7080》은 주로 1970~80년대에 유행했던 노래들을 들려준다. 내가 가장 치열하게 가장 몰취미하게 살았던 시절의 노래들이다.

세대차인지 요즘의 빠른 노래에는 적응을 못 하고 또 그렇다고 뽕짝도 별로다. 《콘서트 7080》에 나오는 그런 노래들이 좋다. 나보다 연하인 그러나 나보다 더 백발인 배철수가 편하게 진행하는 것도 좋다.

요즘은 주말이 기다려진다. 최성수, 윤수일, 심수봉, 이은하 등 좋아하는 가수들을 볼 수 있으리라는 기대감이 즐겁다. 배철수가, 너무나 달콤하게 불러서 문제가 있는 친구라고 소개한 최성수의 「해후」는 내 18번이었는데 요즘은 바꾸려고 한다. "창 넓은 찻집에서" 부분의 고음처리가 너무 힘들어졌기 때문이다. '폼생폼사'라는 시쳇말이 있다. 윤수일은 폼 없이는 쓰러지는 친구다. 나는 매번 최고로 폼을 내고 무대에 오른 그 친구를 사랑한다. 물론 「사랑만은 않겠어요」 등 그 친구의 우수와 열정이 담긴 미성도 사랑한다.

바람이 불면 꺼질 것 같은 심수봉의 노래도 좋아한다. 「남자는 배 여자는 항구」 등 그녀의 노래들은 애잔하게 마음을 흔든다, 마치 울밑에선 봉선화처럼. 이은하를 보는 것도 즐겁다. 70년대 「밤차」를 부른 그녀는 다이어트가 필요하다고 느껴진 10대였다. 《콘서트 7080》에서 요즘 본 그녀는 많이 예뻐진 중년이다. 아직 시집을 안 갔다고 해 안타깝다. 시집간 그녀의 「겨울장미」를 듣고 싶다.

나이가 들면 유치해지는 것 같다. 오랜만에 만난 제자들이 "선생님, 예전과 꼭 같으시네요" 하면 "아첨하지 마" 하면서도 마음은 즐겁다. 수자상을 떠나지 못한 탓이다. 고상한 척 외롭게 살 필요가 있을까? 박인환은 인생은 외롭지도 않고 그저 잡지의 표지처럼 통속하다고 했다. 한탄할 그 무엇도 무서워할 그 무엇도 없이 그저 잡지의 표지처럼 그렇게 통속하게 살면 되는 것 아닌가? 목마를 타고 떠난 여인은 하늘에 있고, 방울 소리가 귓전에 울리던 어느 날, 쓰러진 술병 속에 목메어 우는 가을바람 소리를 들으며 그렇게 통속적으로 떠나면 되는 것 아닌가?

육진(六塵)을 싫어하지 않으면
도리어 바르게 깨달으리라
_승찬 대사, 『신심명』 중에서

한문 공부

유학생활을 마치고 귀국했던 1978년 가을 홍성에서 지진이 일어났다. 규모 5.0의 지진으로서 홍주산성이 무너지고 학교 건물이 파손되는 등 약 4억 원의 재산피해가 발생했다. 한 월간지에서 나에게 지진에 관한 기고를 요청했는데 단서가 있었다. 가능한 대로 한문을 쓰지 말라는 것이었다. 까닭은 젊은이들이 한문이 들어간 글은 읽지 않기 때문이라고 했다.

그로부터 30여 년이 지난 지금 나는 한문을 공부하고 있다. 독학이라 진도가 매우 느리다. 3년 지나니 조금씩 한문에 익숙해지는 느낌이 든다. 왜 한문 공부를 시작하게 되었는가? 십여 년 전 우연히 적지 않은 수의 한문 불서들을 기증받았다. 그 책을 읽을 한문 실력이 없어서 그냥 오랫동안 서가에 꽂아놓고 있었다. 그러나 은퇴한 후에도 이 귀한 불서들을 그대로 방치하는 것이 어쩐지 죄스러운 느낌이 들었다. 아니 적극적으로 그 책들을 읽고 싶은 충동이 일어났다.

독학이라 예전에 한문을 배우기 시작하는 아동들을 위한 책인 『사자소학』과 『추구』 등으로부터 시작했다. 이 책들을 공부하면서 나는 우리 선조들의 아동교육에 대한 빛나는 예지를 느끼게 되었다. 많은 사람들이 현대문명의 비극은 참된 인간성의 상실에서 비롯한다고 말한다.

4자의 구절들로 되어 외우기 쉬운 『사자소학』은 인간이 지켜야 할 윤리도덕을 가르치고 있다. 현대적 관점에서 볼 때 다소 고루하게 느껴질지 모르지만 그 정신은 인간이 가야 할 바른 길을 가리키고 있다. 『사자소학』의 이 가르침을 깊이 마음에 새기면 군자가 되는 데 부족함이 없으리라 생각한다. 군자는 불교의 보살에 해당하는 참된 인간성을 구현하는 유교의 이상적인 인간이다.

『추구』는 5자로 이루어진 짤막한 시구들인데 참으로 아름답고 깊은 서정의 세계를 보여준다. 우리 선조들은 한문 공부를 시작하는 아동들에게 『사자소학』으로 참된 인간이 되는 길을, 『추구』로 인생을 아름답게 보는 눈을 가르친 것이다. 만약 『추구』의 구절들을 기억할 수 있다면 인생의 모든 길목에서도 낭만을 느끼며 사는 멋쟁이가 되리라 생각한다. 『추구』의 구절들 중에서도 내가 좋아하는 대목이 있다.

어젯밤 비에 꽃이 피더니[花開昨夜雨]
오늘 아침 바람에 꽃이 지누나[花落今朝風]
가련도 하여라! 한 해의 봄이[可憐一春事]
비바람 속에서 오고 가누나[往來風雨中]

원래 『추구』에는 "花開昨夜雨 花落今朝風"만 있는데 해설자가 이 시구 뒷부분인 "可憐一春事 往來風雨中"을 원전인 송한필의 「우음」(偶吟. 우연히 쓴 시)에서 찾아온 것이다. 우음은 참으로 아름다운 시이다.

지구온난화로 계절의 패턴이 바뀌어 봄이 오는가 싶으면 그냥 떠나버린다. 「우음」에서 인생은 어젯밤 비에 피었다가 오늘 아침 바람에 지는 꽃으로 비유된다. 인생이 정녕 비바람 속에 오가는 하룻밤의 가련한 춘몽인가?

덧없음을 관하는 것이 보리심이다. 「우음」은 삼법인의 으뜸인 제행무상(諸行無常)을 절묘하게 노래한다. 한문공부에 대한 나의 열정은 수그러들지 않을 것 같다. 사랑은 숙지성(熟知性)의 감정이라고 했다. 한문에 더 익숙해질수록 더 열정을 갖고 공부하게 될 것 같다. 언젠가는 한문으로 된 불서를 큰 어려움 없이 읽게 될 날이 오리라 생각한다.

불서를 읽기 위해 시작한 한문 공부로 선인들의 엄청난 정신문화유산의 보고에도 눈뜨고 있다. 공자는 "옛것을 익히어

새것을 안다"고 했다. 말초적이고 찰나적이고 단편적인 정보의 홍수에 휩쓸려 참된 인간성을 상실하기 쉬운 현대인에게 한문 공부를 권하고 싶다.

승찬 대사는 『신심명』에서 "비거래금 일즉일체(非去來今 一卽一切)"라고 했다. 과거, 미래, 현재가 따로 있는 것이 아니고 하나에 통하면 모든 것에 다 통한다.

결코 무너지지 않는 탑

나는 대학에 있었기 때문에 40대부터 일찍 주례를 맡기 시작하였다. 제자들이 간청했기 때문이다. 처음에 주례사를 어떻게 구성하는가가 고민이 되었다. 그래 많은 제자들을 두고 있는 한 선배 교수에게 이 고민을 털어놓았더니 그는 그 문제로 더 이상 고민 안 한다고 했다. 매번 같은 주례사를 반복하기가 쑥스러워 이제는 학생들에게 주례사를 써오라고 해서 자기는 그저 읽기만 한다는 것이었다. 그가 보기에 나는 지금까지 쑥스러운 일을 계속해 온 셈이다. 주례사의 내용에 큰 변화가 없기 때문이다.

신혼부부에게 나는 첫 당부로 결혼 전보다 더욱 효도하라고 말한다. 효도란 부모의 마음을 편안하고 즐겁게 해드리는 것이라고 설명한다. 왜 효도해야 하는가? 부모가 우리 생명의 뿌리이기 때문이라고 말한다. 효도는 우리 생명의 근원에 대하여 외경하고 감사하는 지극히 성스럽고 고귀한 감정이라고 부연한다. 이어 효도의 공덕을 비유한다. 과수의 뿌리에 물을 주고 비료를 줄 때 아름다운 열매가 풍성하게 맺을 것이라고.

어머니 묘를 이장하고 얼마 지나지 않아 다시 간 적이 있다. 태풍에 의한 폭우로 어떻게 되었는지 궁금해서였다. 어머니가 돌아가셨을 때 주위의 반대로 오래전에 떠나신 아버지 곁으로 모시지 못했다. 그로부터 10여 년이 지난 후에야 오월에 윤달이 든 해에 아버지 곁에 쌍봉으로 모셨다.

우리 부모님은 오랫동안 함께 살지 못했다. 나는 어릴 때 어느 집성촌의 끝집에 살았다. 그 집성촌에서 우리만 타성바지였다. 옆집 내 친구의 이름이 팔헌이었고, 그 형이 칠헌이, 그 위가 육헌 그리고 오헌, 이렇게 일헌으로 이어졌다. 11살 터울의 누이가 있었지만, 밖에서 쌈이라도 할 경우 내 편이 되어 줄 형제가 없는 것이 어린 나에겐 큰 아쉬움이었다. 처음엔 왜 나에게 형제가 없는지 이해를 못 했다. 나중에야 그 이유를 알게 되었다. 이제야 나는 수십 년 떨어져 산 부모님을 함께 지내도록 모신 것이다.

주굉 대사는 효도에 대해 다음과 같이 말씀하신 바 있다.

"효도란 자녀들이 부모를 봉양하여 편안하게 해드리는 것이다. 큰 효도는 불도를 닦기로 결심하고 이를 분명히 실행하는 것이다. 가장 큰 효도는 부모에게 염불을 권하여 정토에 왕생토록 하는 것이다.

나는 늦게 태어나 불법을 듣게 되자 부모님이 별세하는 슬픔을 맞았고 그 슬픔은 끝없이 지속되었다. 나는 그분들을 도와드리고 싶었지만 아무런 방도가 없었다.

진심으로 여러분에게 말한다. 부모님이 아직 생존해 모시고 있으면 지체 없이 염불을 권하라. 만약 돌아가셨으면 그분들을 위해 3년간, 그것이 어려우면 1년간, 아니면 49일간 염불하기 바란다. 이 중 어떤 것도 좋다. 부모님의 은혜에 보답하고자 하는 자녀들은 이것을 알아야 한다."

주굉 대사는 가장 큰 효도는 부모 생전에 염불을 권하여 정토에 왕생토록 하는 것이며, 만약 부모가 돌아가셨으면 일정 기간 그분들을 위하여 염불하라고 말씀했다. 왜냐? 염불을 통하여 부모가 부처님과 그 가르침에 인연을 맺고 거기에 생사의 괴로움을 영원히 끊는 길이 있기 때문이다. 인생의 진정한 의의가 생명의 근원으로, 즉 생사가 끊어진 열반으로 회귀하는 과정에 있다고 할 때 효도는 모든 참된 종교의 출발점이 될 수 있다.

이장한 어머니 묘소는 폭우로 인해 파손되어 있었다. 묘소를 손보면서 나는 부모와 조부모들을 모신 우리 가족묘지의 빈터에 탑을 세우기로 했다. 마음속의 탑이기 때문에 어떤 비바람이 몰아쳐도 결코 무너지지 않을 것이다. 그리고 그 탑에 금빛으로 "나무아미타불"을 새기기로 했다. 묘지 아래의 저수지엔 항상 잔물결이 인다. 나는 그 물결을 향하여, 그 위에 어른거리는 얼굴들을 향하여 조용히 불러보았다. "나무아미타불."

부자 되세요

매년 정초 재직하던 대학 학과의 신년하례식에서 나는 덕담으로 "부자 되세요"라고 말해왔다. 이 덕담에 다들 즐거워했다.

동양에서 모든 사람이 바라는 오복(五福)의 으뜸이 부(富)이다. 그다음에 귀(貴)가 따라온다. 왜 부가 오복의 첫째가 될까? 불교에서 말하는 팔고(八苦)의 하나가 "바라는 것을 얻지 못하는 괴로움"이다. 우리가 부를 추구하는 이유는 부가 바라는 것을 얻게 해줄 대단한 능력이 있다고 믿기 때문이다. 행복이란 무엇인가? 괴로움의 반대 또는 괴로움의 부재를 의미하는 것이리라. 인간의 가장 기본적인 욕구가 행복이다. 따라서 행복해지기 위해 부를 추구하는 것은 지극히 자연스러운 것이다.

부자는 누구인가? 요식업계에서 대성하여 큰 재산을 모은 친구가 있다. 그는 항상 말했다. "돈은 쓸 때에만 자기 돈이다."

부자란 오직 돈을 쓸 때만 부자가 된다는 말이다. 명언이라고 생각한다. 아무리 돈이 많아도 남에게 쓸 줄 모르는 사람은 부자가 아니다. 매주 금요일에 고교 동기생회관에서 고전음악과 영화감상회가 열린다. 이 감상회에 필요한 TV 및 오디오 시스템을 그 친구가 마련했다. 그는 작년에 지병으로 타계했다. 그러나 동창회관에 갈 때마다 나는 부자인 그를 기억하게 된다.

부동산업으로 거부가 된 친구도 있다. 그가 낀 비공식적 모임에서 그가 식대를 계산하지 않는 경우는 극히 예외적이다. 그는 시쳇말로 친구들의 봉이다. 그가 한 말이 있다. "친구들, 봉이 봉(鳳)일세." 새들의 왕이 봉이다. 친구들에게 봉 노릇하는 자신이 바로 봉황새란 뜻이다. 나는 수십 년간 그를 지켜보았다. 그런데 이상하게도 그 봉은 봉 노릇 할수록 점차 더 부자가 되어갔다.

나는 이 친구들을 통해 부자에 대한 부처님의 귀한 가르침을 깨닫게 되었다. 부자란 남에게 베푸는 사람이다. 부자가 되는 방법은 남에게 베푸는 것이다. 자기의 소유물을 남에게 베푸는 행위가 보시다. 보시는 보살이 닦아야 할 육바라밀의 으뜸이 된다. 부처님이 모든 괴로움에서 해탈하기 위한 으뜸 수행으로 가르치신 보시가 바로 부자가 되어 부자로서 사는 길이다. 그러다 보면 원래 우리가 말할 수 없이 큰 부자임을 깨닫게 된다.

치열했던 대선이 끝나고 이제 새 대통령이 국가와 민족을 위하여 자신의 포부를 펼칠 시기가 왔다. 박근혜 대통령은 임기 중 민족통합과 경제민주화를 실현하겠다고 약속했다. 그의 아버지 박정희 정권은 비약적인 경제성장을 이룩한 공이 있지만 가혹한 인권탄압, 영호남의 지역차별과 재벌 위주의 경제정책을 펴온 과가 있다. 이제 그의 딸이 아버지의 과오를 씻을 절호의 기회를 갖게 된 것이다. 새 대통령은 부자의 마음으로 자신이 공약한 바를 달성하려고 최선을 다해야 할 것이다. 야당도 비록 선거에는 졌지만 부자의 마음으로 국정에 임해야 할 것이다.

가난한 마음을 가진 사람은 결코 부자가 될 수 없다. 그 가난한 마음을 털어버리지 않는 정치집단은 권력의 부자가 될 수 없다. 정치권이 그리고 국민 모두가 부자가 될 때 새해의 태양은 더욱 밝게 빛날 것이다.

세월은 흐르고

미라보 다리 아래 세느 강이 흐르고

우리들의 사랑도 흘러간다

허나 괴로움에 이어서 오는 기쁨을

나는 또한 기억하고 있나니

우리들에게 너무나 잘 알려진 아폴리네르(Guillaume Apollinaire)의 「미라보 다리」라는 시의 첫 구절이다. 참으로 세월이 유수와 같이 빨리 흘러감을 느낀다. 1987년 초의 여러 가지 일들이 엊그제 같은데 벌써 21세기를 훌쩍 넘겼다.

1987년은 참으로 우리에게 오래 기억될 만한 해였다. 봄부터 시작된 요원한 민주화의 불길이 데모, 최루탄, 투석, 화염병, 박종철 · 이한열 군의 아까운 희생 등 어둡고 긴 터널을 빠져나와 6 · 29선언이 있었고, 미처 가쁜 숨을 돌리기 전에 과격한 노사분규, 태풍, 호우에 의한 미증유의 인명 · 재산의 피해, 온 국토와 국민이 가누기 어려운 화난과 수난을 겪었다.

『법화경 관세음보살 보문품』에 화난이나 수난을 당할 때 관세음보살을 염하라는 말씀이 있다. 땅과 하늘에 가득한 이런 괴로움 속에 처하면 불자인 우리는 "나무관세음보살" 하고 염불하는 도리 외에 다른 길이 또 어디 있겠는가?

밤이여 오라 종은 울려라
세월은 흐르고 나는 여기 있다

손과 손을 붙들고 마주 대하자
우리들의 팔 밑으로
미끄러운 물결의
영원한 눈길이 지나갈 때

세월은 영원히 흘러간다. 구도의 길을 향해 우리 모두가 손과 손을 맞잡고 마주 대할 때 시간의 영원한 눈길이, 그 미소가 우리 곁을 지나가지 않을까.

밤이여 오라 종은 울려라
세월은 흐르고 나는 여기 있다

흐르는 물결같이 사랑은 지나간다
사랑은 지나간다
삶이 느리듯이
희망이 강렬하듯이

우리의 삶은 결국 하나의 긴 사랑의 여로라고 생각한다. 사랑의 근원이 무명(無名)이기 때문에 우리가 그 무명의 밑뿌리를 파헤치기 전까지 우리들의 인생은 불가피하게 괴로움을 수반하고 느리게 느리게 흘러가는 하나의 여로에 불과하지 않을까. 저 언덕에의 강렬하고 아득한 갈망에 비하여 우리들의 삶은 대부분 얼마나 느리고 더디게 흘러가고 있는가.

밤이여 오라 종은 울려라
세월은 흐르고 나는 여기 있다

날이 가고 세월이 지나면
흘러간 시간도
사랑은 돌아오지 않고
미라보 다리 아래 세느 강만 흐른다

세월이 지나면 정녕 흘러간 시간도 사랑도 돌아오지 않는다. 다리는 참으로 아름다운 상징이다. 생사의 강물을 건너 저

언덕으로 가는 다리가 전혀 없다면 우리 인간은 얼마나 비참하고 무의미한 존재가 되어버릴까. 우리의 삶은, 아니 사랑은 건너야 할 생사의 강물과 저 언덕에 이르는 다리를 배경에 가질 때만이 진정 아름답고 의미 있는 것이 되지 않을까.

한 해가 가고 또 새해가 오면 또 괴로움의 밤이 오고 시간의 흐름을 알리는 종소리가 기다려지게 될지 모르겠다. 그러나 영원히 여기에 있는 나, 자성관음(自性觀音, 관세음보살인 우리의 자성)을 깊이 생각하고 거기에 의지하면서 흐르는 세월의 강을 다같이 건너가자.

밤이여 오라 종은 울려라
세월은 흐르고 나는 여기 있다

기적의 새해

오래전에 유리 겔러(Uri Geller)라는 사람이 우리나라의 TV에 출연하여 염력으로 쇠숟가락을 구부린 적이 있었다. 어떤 사람들은 집에서도 그를 따라서 같은 일을 할 수 있었다. 이것을 사람들은 초능력 또는 심지어 기적이라고 했다.

누군가 부처님에게 물었다 한다. "어떤 사람이 물 위를 걸어갔는데 기적이 아닙니까?" 부처님이 아니라고 말씀했다. 부처님은 이와 비슷한 모든 초능력 현상들은 기적이 아니라고 하셨다. 이것들은 모두 일종의 유희 같은 것으로 기적도 아니고 추구할 가치도 없는 것이라고 하셨다. 그럼 기적이 무엇인가 하고 묻자 부처님은 사람이 변하는 것이 기적이라고 말씀하셨다 한다. 사람이 더 지혜로워지고 더 자비로워지는 것, 이것이 기적이고 우리가 진정으로 추구할 가치가 있는 것이라고 말씀하신 것이다.

나이가 들어갈수록 참으로 부처님의 이 말씀이 옳다는 생각이 든다. 요즈음 중고등학교 동창모임에 나가면 오랫동안 못 보았던 옛 친구들을 보게 된다. 나이는 지긋이 들었지만 나를 포함해서 모두 별로 달라지지 않았음을 보고 놀라게 된다. 참으로 사람이 변하는 것은 기적인 것 같다.

일각 스님은 『반야심경』의 "색불이공(色不異空)"을 "색(현상)은 마음과 다르지 않다"고 풀이하셨다. 우리가 처한 상황, 환경은 모두 우리 마음이 드러난 것이라는 말씀이다. 오늘날 우리의 어렵고 고통스러운 문제, 상황 들은 모두 우리의 거칠고 지저분한 마음이 드러난 것이라는 말씀이다. 일각 스님이 즐겨 표현하신 대로 "지저분한 생각"이다.

그러면 모든 고통과 미망이 걷힌 기적의 새해는 어디에서 찾을 수 있을 것인가? 대답은 자명하다. 우리에게 기적이 일어나야 한다. 우리의 마음이 정화되어야 한다. 지저분한 마음이 청정한 마음으로 변해야 한다.

원로 정객 이철승은 종교는 상수도 공사이고, 정치는 하수도 공사라고 말했다. 청정한 상수도 물도 혼탁한 시정(市井)을 흘러가면 악취 나는 탁수(濁水)로 변하고 만다. 하물며 상수도의 물이 탁수이면 그 하수도 물은 어떠하겠는가? 여기에 소위 종교인이라고 자처하는 우리들의 진지한 각성이 요구되는 이유가 있다. 최소한 상수도 물이라도 맑아야 하지 않겠는가? 셰익스피어는 소네트에서 이렇게 읊었다.

> 세월이여, 네가 변한다고 뽐내지 말라
> 새 힘으로 세워졌다는 너의 거대한 건축물들도
> 내게는 놀라울 것도 신기한 것도 없노라
> 옛날 본 것에 새 옷을 입힌 것뿐이라

분명 올해는 지난해와 다른 해가 될 것이다. 시간 속에서 모든 것이 변하기 때문이다. 또 새 대통령이 취임하는 해이기도 하다. 그러나 우리에게 기적이 일어나지 않는 한 “새 힘으로 세워질 거대한 건축물들도 놀라울 것도 신기한 것도 없이 한갓 옛날 본 것에 새 옷을 입힌 것”에 지나지 않았음을 깨닫게 될 것이다. 그리고 우리는 또다시 슬프게도 힘들었던 한 해를 되돌아보며 기적의 새해를 기다리게 될 것이다.

눈에 잠이 없으면

지난 대선 정국은 가히 삼국지의 신한국판이었다. 가장 재미있는 것이 안철수 현상이었다. 정치활동을 하지도 않았고, 또 정치를 하겠다고 선언한 바도 없는 그가 유력한 대권후보로 부상하여 높은 지지율을 유지하다가 마침내 대권후보로 출마했던 것이다. 그는 정당의 지원이 없는 무소속이었다. 그럼에도 불구하고 수십 년간 정당에 몸을 담아온 정치9단들이 그 앞에서 추풍낙엽 신세가 되었다.

국민들이 현 제일야당에 대하여 얼마나 실망했는지를 여실히 보여주는 대목이라고 볼 수 있다. 그렇다고 여당에 국민이 전폭적 지지를 보낸 것도 아니다. 한 친구는 정치가 아예 싫어 TV에서 정치뉴스만 나오면 채널을 돌려버린다고 했다. 국민들의 상당수가 현 정치에 환멸 내지는 분노를 느끼고 있는 것은 부인할 수 없는 현실이다.

불교는 우리에게 다가오는 모든 현상이 꿈이라고 가르친다. 그 꿈속에 기쁨과 슬픔이 있고 육도윤회가 있다. 그러나 깨닫고 보면 육도의 모든 기쁨도 실은 괴로움이다. 육도의 끝없는 괴로움에서 벗어나려면 꿈에서 깨어나야 한다.

승찬 대사는 꿈에서 깨어나려면 눈에 잠이 없어야 한다고 말씀했다. 우리에게 괴로움을 주는 것으로부터 자유로워지기 위해서는 눈을 감아서는 안 된다. 아니 잠들지 않고 끝까지 그 괴로움을 바라봐야 한다. 그리하면 그것이 꿈처럼 사라진다는 말씀이다.

우리의 현실이 아무리 괴롭더라도 그 현실을 외면하지 않고 직시하는 데에 해결의 실마리가 있다. 우리나라 정치에 대부분의 국민들이 환멸과 분노를 느끼고 있다. 그러나 아무리 싫어도 외면하지 말고 정치를 똑바로 바라보려고 노력해야 정치가 바로잡힌다.

안타까운 죽음

등록금을 벌려고 경기도 고양시 이마트 지하에서 냉동기를 점검하던 서울시립대 휴학생 황승원 씨가 유독가스에 중독되어 숨지는 일이 있었다. 황 씨는 편모슬하의 어려운 가정환경에서도 대학 진학의 꿈을 갖고 고입·대입 검정고시를 거쳐 2009년 진학했으나 가정형편으로 학업을 중단하고 군에 입대했다. 황 씨의 꿈은 대학을 졸업한 후 좋은 직장에 취업해 그간 고생한 어머니를 호강시켜 드리는 것이었다고 한다.

황승원 씨는 매월 100만 원을 버는 어머니에게 수백만 원의 한 학기 등록금을 기댈 수가 없어 제대하고 이틀 후부터 아르바이트를 시작했다고 한다. 한 푼이라도 더 많이 벌려고 험한 일을 마다하지 않고 나섰다가 참변을 당한 것이다. 아름다운 효심을 지녔던 이 착한 청년의 안타까운 죽음은 우리나라 고등교육의 심각한 문제점을 부각하고 있다.

현재 우리나라 고등학생의 약 80%가 대학에 진학하고 있다. 이 진학률은 선진국에 비하여 높은 편이다. 예로서 미국이나 일본의 경우는 50% 정도이고 독일은 35% 정도이다. 우리나라의 대학진학률이 높은 이유는 무엇인가? 고졸생보다 더 좋은 취업기회와 사회적 처우를 기대하기 때문이다. 그러나 현재 우리나라 대학 졸업생의 취업률은 대략 50%이다.

대졸 출신의 취업률이 이렇게 낮은 중요한 이유의 하나는 고졸이면 갈 수 있는 직장에는 아예 관심을 안 두고 더 좋은 직장만 찾기 때문이다. 이는 높은 대학진학률이 우리나라 청년들의 전체적인 취업률을 저하시키는 부정적인 효과를 불러온다. 만약 대학을 다니지 않아도 취업이나 사회적인 처우에 큰 차별이 없다면 굳이 비싼 등록금을 내면서 수년을 대학에서 보내는 것에 회의적인 고등학생들이 많을 것이다. 선진국의 대학진학률이 낮은 이유는 바로 이 문제가 해결되었기 때문이다.

현재 우리나라 대학생의 거의 50%가 등록금을 벌려고 아르바이트를 한다고 한다. 그러나 아르바이트 수입이 적기 때문에 한 학기 휴학을 하지 않고는 다음 학기의 등록금을 벌기 어렵다고 한다. 교육은 국가 백년지대계(百年之大計)인데 정치권이 단지 표를 얻기 위해 무책임한 정책을 공약으로서 내걸어서는 안 된다.

비싼 등록금을 해결하는 첫째의 방안으로 제시되는 등록금의 일괄적인 인하는 합리적이 아니라고 생각한다. 아르바이트를 하지 않고도 등록금을 낼 수 있는 약 50%의 대학생의 등록금을 국민세금으로 지원하는 것은 부당하다. 그들의 등록금은 대학교육의 수혜자인 그들의 학부모가 부담하는 것이 사회적 정의라고 생각한다.

둘째의 방안으로 제시되는 대학의 구조조정은 정부가 강력하게 추진해야 한다고 생각한다. 일부 사립대학의 운영은 도저히 대학이라고 볼 수 없을 정도로 부실함이 밝혀지고 있다. 이런 대학을 국민세금으로 지원할 필요가 없다. 또 과다하게 적립금을 비축하는 것이 비싼 등록금의 한 요인이 되어 있다. 이는 정부가 철저하게 조사하여 대학 자체적으로 등록금을 인하하도록 유도해야 한다.

비싼 대학등록금에 대한 가장 합리적인 대책은 높은 대학진학률을 낮추는 것이라고 생각한다. 이는 정부와 국민이 고졸 출신에 대한 사회적 처우를 개선하도록 노력함으로써 가능하다. 이렇게 되면 부실한 대학들은 정부가 굳이 개입할 필요가 없이 자동적으로 구조조정이 될 것이다. 대신 대학에 진학하는 소수의 학생들에 대해서는 정부가 장학금 지원을 확대하여 가난하지만 우수한 학생들이 등록금 걱정 없이 공부할 수 있도록 지원해야 한다. 이러한 시스템이 완성되면 검정고시를 통해 대학에 진학한 가난한 황승원 씨의 죽음과 같은 안타까운 비극은 예방할 수 있으리라 생각한다.

명리의 뱃놀이

양자강에서 황제가 스님과 함께 뱃놀이를 즐기고 있었다. 황제가 말했다.

"참으로 배들이 많군요."

스님이 대답했다.

"제 눈에는 오직 두 개의 배만 보입니다. 수많은 배들이 있습니다. 그러나 모두 단 두 종류뿐입니다. 명예를 낚는 배와 이익을 낚는 배뿐입니다."

새 정권이 들어서서 정부 요직에 새로운 인물들이 발탁되었다가 검증과정에서 그 일부가 부적절한 과거 행적으로 매스컴의 집중포화를 맞고 추락했다. 추락하는 것은 날개가 있다고 했던가. 추락하여 땅에 떨어지는 것은 고통스러운 일이다. 아예 날아오르지 않았다면 추락의 아픔도 없었을 것이다.

명나라 고승 주굉 대사가 벼슬을 바라는 사람에게 말씀했다. 벼슬을 하는 것은 좋은 일이나 그 자리에서 물러나게 되면 엄청난 고통을 당하게 될 것이라고. 하물며 벼슬자리에 오르지도 못하고 이름만 올랐다가 불명예를 안고 추락하는 것은 얼마나 고통스럽고 부끄러운 일이었겠는가?

아무도 높은 벼슬자리라도 영구히 머물 수는 없다. 왜냐하면 모든 것이 변하기 때문이다. 날개를 달고 높이 날아오르면 결국 추락하고 만다. 그리고 그 추락은 매우 고통스럽다. 추락하지 않고 높이 솟아오르는 법은 없을까? 주굉 대사는 벼슬을 바라는 젊은이에게 최고의 관직에 오르는 것보다 오히려 염불하여 극락왕생을 바라는 것이 훨씬 더 좋다고 말씀했다.

허망한 것을 토끼 뿔에 비유하기도 한다. 머리에 뿔이 난 토끼가 있는가? 없다. 모든 것은 단지 명칭에 불과하고 그 실재는 없다는 것이 불교의 가르침이다. 나라고 부를 수 있는 것도 없는데 그 허망한 나에게 감투란 어떤 의미를 갖는 것일까? 토끼 뿔 위에 난 또 하나의 토끼 뿔이라고 할 수 있다. 그래도 우리 중생은 토끼 뿔 위의 또 하나의 토끼 뿔을 잡으려고 몸부림치고 있다.

망망한 생사의 강에서 허망한 명예를 낚으려고 분주히 움직이는 사람들이 있다. 또 부를 낚으려고 분주한 사람들도 있다. 그러나 하나의 부나 명예를 낚으면 더 큰 것들을 낚고 싶어지는 것이 중생의 끝없는 욕망이다. 이 끝없는 욕망이 중생에게 고통을 불러온다.

그렇다면 생사의 강물에서 명예와 부를 낚는 것이 즐거운 뱃놀이가 될 수는 없을까? 빌 게이츠는 그 강물에서 엄청난 대어를 낚아 당대에 세계 제일의 갑부가 되었다. 엄청난 부와 명예의 날개를 달고 아주 멀리 높이 솟아올랐다. 그가 추락할 것인가? 그러면 얼마나 고통스러울 것인가.

그가 낚은 대어는 인류에게 새로운 문명을 열어주었고, 그가 쌓은 부는 인류 전체의 복지를 위하여 사용되고 있다. 그는 높이 솟아올랐으나 결코 고통스럽게 추락하지 않을 것 같다. 그는 전체적으로 인류 전체의 공익을 위하여 높이 비상했기 때문이다.

생사의 강물에서 수많은 배들이 분주히 움직이며 명리를 낚고 있다. 대부분의 사람들이 자신만을 위하여 낚은 명리로 높이 솟아오르다 아프게 추락한다. 그러나 모든 인류의 공익을 위한 낚시라면 누구나 명리의 뱃놀이를 즐길 수 있으리라 생각한다, 추락하는 아픔 없이 높이 솟아오르며.

최고의 범죄 예방법

아침에 손자 손을 잡고 유치원에 데려다 주었다. 그 녀석이 아파트를 나서더니 “하늘이 파랗다. 구름과 달도 보이네. 저 구름 위를 걷고 싶어” 하고 즐거워했다. 그 말을 듣고 하늘을 쳐다보니 정말 푸른 하늘과 하얀 높쌘구름 그리고 흰 달이 보였다. 특히 “하얀 구름 위를 걷고 싶다” 말이 예리한 화살처럼 내 가슴에 꽂혔다. 요즘은 정말 속세를 떠나 푸른 하늘로 올라가 하얀 구름 위를 걷고 싶은 심정이다.

불자로서 나는 부처님이 우주의 진리를 설파한 삼법인(三法印)의 첫째로 제행무상을 말씀하신 것을 기쁘고 자랑스럽게 생각한다. 모든 것이 끊임없이 변해가기 때문에 그 자체로서 허망한 것이고 거기 집착할 아무것도 없다. 이렇게 아는 것이 진리를 깨닫는 것이고 이 가르침이 불교의 알파요 오메가이다.

우리가 사는 사바세계를 오탁악세(五濁惡世)라 하고 그중의 하나가 중생탁(衆生濁)이다. 중생의 질이 떨어진다는 말이다. 우리 사회에 만연한 성범죄는 모두의 가슴을 무겁게 짓누른다. 성인 여성에 대한 성범죄는 차치하고 미성년자 및 심지어 아동에게도 무차별적으로 자행되는 성폭력은 인간이 아니라 축생의 소행이라고밖에 보지 않을 수 없다. 이것이 바로 중생탁이다.

정부와 사회는 이 심각한 문제에 대하여 성폭력자에 대한 감시와 처벌 강화, 우범자에 대한 화학적 거세 등 여러 처방을 제시하고 있다. 그러나 이것은 근본을 다스리지 않는 대증요법에 지나지 않는다. 성범죄자의 병든 영혼을 근본적으로 치유하지 않는 한 이러한 대증요법적 처방은 한계가 있다.

명나라의 선비 원요범은 『요범사훈』에서 인간의 과오를 다스리는 세 가지 방법을 제시하고 있다. 최하급의 처방이 행동을 통해서 다스리는 것이다. 죄를 범하면 그에 상응하는 체벌을 가하여 범죄를 예방하는 방법이고, 현재 성폭력자에 대하여 정부가 제시하는 처방들이 이 범주에 속한다고 볼 수 있다.

중급 수준에 해당하는 것이 이치를 통하여 과오를 다스리는 것이다. 왜 범행을 저질러서는 안 되는가를 논리적으로 설명하는 방법으로 범죄가 악행이 되는 까닭과 악행은 반드시 그에 상응하는 고통을 불러오는 이치를 가르치는 것이다. 담배를 많이 피면 폐암에 걸릴 가능성이 높은 까닭과 그로 인해 고통을 받다가 사망하는 이치를 가르쳐 금연케 하는 것이 그 예다.

과오를 다스리는 최상급의 처방은 마음을 통한 것이다. 모든 것이 마음이 만든 것이고, 마음은 붙잡을 수 없는 허망한 것이므로 집착할 아무것도 없다는 것을 깨닫는 것이다. 이 방법은 모든 과오를 뿌리째 뽑아버린다. 참선이나 염불, 간경(看經, 소리 내지 않고 경전을 읽으며 그 뜻을 음미하는 수행법) 또는 다라니 수행(천수경의 대비주와 같은 긴 주문을 외움으로써 깨달음을 얻으려는 수행)이 이를 목표로 삼는다.

이 중 쉽고 보편적인 것이 염불이다. 가장 깊은 의미에서 "염불은 진리를 생각하는 것"이다. 『관음경』에 "만약 중생이 음욕이 많다 해도 일심으로 관세음보살을 염하면 문득 음욕을 여읠 수 있다"라고 설했다. 염불이 성범죄를 예방하는 최상급의 처방임을 가르치는 것이다. 한 사람이 일심(一心)으로 염불하면 온 법계가 맑아진다. 왜냐하면 온 법계가 한마음이기 때문이다. 모두 일심으로 염불하자.

불이(不二)의 정치

가난한 서민들에겐 겨울을 지내는 것이 시련이 되리라. 그러나 겨울이 가장 고통스러운 사람들은 집 없는 사람들일 것이다. IMF 이후에 노숙자들이 많이 생겼다. 꽁꽁 얼어붙은 지하도에 자리를 깔고 누워 있는 사람들을 보면 서글픈 마음을 금할 길이 없다. 그들에겐 찬 겨울에도 돌아가 언 몸을 녹일 집이 없는 것이다. 가난은 나라도 구할 수 없다는 말이 있지만, 이것은 분명히 국가적 비극이 아닐 수 없다.

노무현의 참여정부는 집 없는 서민들을 위하여 많은 노력을 하였다. 부동산 문제에 노무현 대통령만큼 지대한 관심을 보여준 대통령이 역대에 없었다. 그 의도만은 국민들의 박수를 받을 만하였다. 그러나 그 결과는 정반대로 나타난 것 같다.

전국적으로 부동산 값이 상승했고, 특히 규제의 타깃으로 삼았던 강남지역의 부동산은 폭등했다. 강남, 강북을 가리지 않고 집 없는 서울 시민들이 집을 갖는 것은 더욱 어려워졌다. 릴케는,

> 지금 집이 없는 사람들은 이제 집을 짓지 않습니다
> 지금 고독한 사람들은 이후도 오래 고독하게 살아
> 잠자지 않고 읽고 그리고 긴 편지를 쓸 것입니다

라고 노래했다.

참여정부의 부동산 정책이 실패한 원인은 어디에 있을까? 제국주의 국가들이 식민지를 통치하는 방식은 분할하여 통치하는 것(Divide and Rule)이었다. 즉 통치대상을 분열시켜 서로 반목하도록 하여 지배하는 기법이라고 볼 수 있다. 그러나 이것은 정치가 아니고 통치이다. 권력을 쥔 자가 국민 위에 군림하여 그 의지를 관철시키는 것이다.

그러나 이 통치술이 결국 성공하지 못한 것은 역사가 증명하고 있다. 민주주의 국가에서는 통치란 생각할 수 없는 개념이다. 링컨의 말처럼 다만 국민의 정치만 존재할 수 있을 뿐이다. 참여정부가 그 선의에도 불구하고, 부동산 정책을 비롯하여 많은 정책에서 실패한 이유는 바로 분열시켜 통치하는 기법을 정치에 적용하려고 시도한 것에 있다고 생각한다.

국민을 크게 가진 자와 못 가진 자로 구분하여, 가진 자를 규제하여 못 가진 자를 돕자는 단순한 철학이다. 이러한 이분법이 서양문명의 기저를 이루고 있다고 해도 과언이 아니다. 기독교에서는 사람들을 기독교인과 비기독교인으로 구분하여 비기독교인을 은근히 사탄으로 취급하고 있지 않는가?

이러한 이분법적 사고방식이 현대의 여러 가지 비극적 문제들의 근원이 되고 있음을 우리는 간과해서 안 된다. 불교는 이러한 이분법을 단호히 배격한다. 불교는 불이(不二)를 표방한다.

어떠한 존재나 현상도 다른 현상이나 존재로부터 결코 분리될 수 없다는 것이다. 이것이 부처님의 자비로운 가르침이고 우주의 실상이고 진리이다.

이러한 불이의 가르침을 정치에 구현할 줄 몰라 선의의 출발에도 불구하고 참담한 결과로 마감한 참여정부의 비극이 모든 정치인들에게 귀중한 교훈이 되기를 바란다.

지도자론

영국의 명재상 디즈레일리는 정치가를 권력에의 욕망과 애국심에 의해서만 충동받는 사람으로 규정했다. 정치가에 대한 이 개념을 확장하여 지도자란 자기 조직에 대한 사랑과 권력에의 욕망에 의하여 행동하는 사람으로 규정할 수 있을 것 같다.

미국인들은 정치하는 사람들을 '정치가'(statesman)와 '정상배'(politico)로 구분한다. 정상배는 애국심 없이 단지 권력을 쥐어 자기 이익만 챙기려는 사람들을 말하며, 대부분의 경우 그 죄보를 받아 불명예스럽게 퇴진한다. 이에 반하여 정치가는 국가를 위하는 마음이 앞서므로 다소의 오해와 난관이 있어도 결국 국민들의 사랑과 존경을 받게 된다.

따라서 그가 속한 조직에 대한 순수한 사랑이 없으면 애당초 지도자로서 자격이 없다고 볼 수 있다. 이런 사이비 지도자들은 일반적으로 사술과 언변에 능하므로 이들을 가려내는 데는 상당한 지성이 요구된다.

지도자에 대한 디즈레일리식의 이 정의에는 무엇인가 결핍된 것이 있는 것 같다. 권력에 대한 욕망과 조직에 대한 사랑만으로 충분한가? 그렇지 않은 것 같다. 그 조직의 미래에 대한 명확한 비전과 조직이 당면한 문제들과 이를 해결하기 위한 방책에 대한 정확한 인식을 가져야 한다고 생각한다. 이 마지막 요건을 갖추어야 진정한 지도자로서의 자격이 구비된다고 생각된다.

그러면 조직의 장래에 대한 비전은 무엇이 되어야 할까? 이 문제는 아무리 강조해도 지나침이 없을 정도로 중요하다. 목표를 잘못 잡으면 엉뚱한 곳으로 치달아 참으로 잘못된 곳으로 조직을 이끌기 때문이다.

여기에 우리는 불교에서 이상으로 삼는 정토에 관한 개념을 도입할 수 있다고 생각한다. 우리가 사는 세상은 중생들의 죄업으로 이루어진 오탁악세이다. 이 오탁악세는 우리들의 탐, 진, 치에서 비롯한다. 이 탐, 진, 치는 가상인 내가 실제로 존재한다는 아상(我相)에 뿌리를 둔다.

정토는 이 허구적 아상으로부터 벗어난 곳에 있다. 따라서 참된 지도자는 아상을 버리려고 노력하는 사람이라고 규정할 수 있다. 『금강경』에 "아상이 없는 법을 통달한 사람을 보살이라 부른다" 라고 설했다. 그러니까 참다운 지도자는 보살일 수 밖에 없다.

보살은 나와 남의 조직이 조화롭게 발전할 수 있는 분명한 미래의 비전을 가진다. 뿐만 아니라 조직이 당면한 문제들과 그 해결책에 대한 명확한 인식을 가질 수 있다. 왜냐하면 그 마음이 청정하기 때문이다. 『관음경』에 "티 없이 맑은 빛은 모든 세상을 밝게 비추어 본다"고 설했다. 보살의 청정한 마음의 빛은 모든 세상일을 환하게 봄으로 문제의 해결을 위한 여러 방편들을 쓸 수 있다. 이 점을 『관음경』에서는 "신통력을 갖고 여러 지혜와 방편을 쓴다"라고 설했다.

보살도를 닦으려는 정신 없이 지도자가 되려고 하는 사람은 불속에 뛰어드는 불나방처럼 무모하게 자신을 태우고 그 조직에 커다란 피해를 준다.

우리는 모두 불가피하게 어떤 조직의 지도자들이다. 우리는 이 혼탁하고 고통스러운 세계의 생성에 책임을 지고 있다. 우리만이라도 모두 부지런히 보살도를 닦으며 이 고통스러운 세상을 정토로 만드는 지도자가 되어야 하지 않을까?

불교와 광우병

광우병 문제로 벌어진 일련의 사태는 먹을거리에 대한 국민의 예민한 관심을 웅변으로 보여주었던 사건이다. 국민의 생명과 권익을 보호하는 것이 국가의 기본적인 책무임으로 국민의 건강권을 보장해야 하는 국가의 책임은 아무리 강조해도 지나치지 않다. 이 점을 소홀히 취급했기 때문에 이명박 정부는 집권 초기에 엄청난 곤욕을 치렀다.

그러나 이 문제를 다른 각도에서 생각해 볼 수도 있다. 정부가 국민의 건강권은 철저히 보장해야 하지만, 우리에게 구체적으로 무엇을 먹으라고 지시할 수는 없다. 다른 말로 우리의 먹을거리는 우리가 선택한다는 것이다. 쇠고기를 좋아하는 사람은 쇠고기를 먹을 것이고, 돼지고기를 즐기는 사람은 돼지고기를 선택할 것이다. 또 어떤 사람은 아예 일체의 육류를 거부하고 채소류만 먹을 수도 있다.

군에 있을 때 부대장이 보신탕을 좋아해 곤욕을 치른 경험이 있다. 여름철에는 보양하자고 회식 때면 보신탕집에 갔는데 남들이 좋아하는 그 보신탕을 혼자만 안 먹겠다고 버티는 것이 그리 쉬운 일은 아니었다. 먹을거리에 청탁(淸濁)을 가리지는 않지만 어릴 적 할머니가 절대로 보신탕은 먹지 말라고 당부해서 아직껏 그 말씀은 지키고 있다.

최근에는 웰빙 바람이 불어 육류를 피하는 사람들이 많아졌다. 육류가 고혈압, 당뇨 등 성인병에 원인이 된다는 과학적인 근거 때문이다. 만약 우리가 쇠고기를 먹지 않으면 광우병 문제는 깨끗이 해결된다. 더욱 포괄적으로 우리가 채식만 하면 광우병도 성인병도 걱정할 필요가 없을 것이다. 그러나 오랫동안 쇠고기 등 육류를 즐기던 사람이 그렇게 하기는 쉽지 않다.

채식주의에 대한 불교의 입장은 어떠한가? 불교는 육식을 절대적으로 금하지는 않으리라 생각한다. 왜냐하면 티베트나 알래스카처럼 채소류가 적은 지역에 사는 사람들은 육식에 의하지 않고서는 생명을 유지할 수 없을 것이기 때문이다. 다만 가능하면 육식을 삼가라는 것이 불교의 입장이리라 생각한다. 여기에는 물론 육식이 건강에 좋지 않다는 과학적인 이유도 포함되어 있으리라 생각한다. 그러나 단지 이 이유뿐일까? 그렇지는 않을 것 같다.

그보다 더 심오한 차원의 이유가 있으리라 생각한다.

깨달음의 두 가지 기본적인 속성은 지혜와 자비이다. 왜 우리가 자비로워야 하는가? 우리가 자비를 통하여 깨달음에 이를 수 있기 때문이다. 자비의 궁극적 형태는 무엇인가? 동체대비(同體大悲)라고 생각한다. 우주의 모든 생명체가 한 몸이라는 말이다.

이 입장에서 볼 때 우리가 먹는 쇠고기는 바로 우리의 살이 될 것이다. 우리가 우리의 살을 편한 마음으로 뜯어먹을 수 있겠는가? 그 고통을 감당할 수 있겠는가? 아마 그럴 수 없을 것이다.

따라서 동체대비를 진리로서 수용하는 사람은 자연히 육식을 삼가게 되리라 생각한다. 아무리 미천한 동물이라도 정식(情識)이 있기 때문에 그 몸이 씹혀질 때 큰 고통을 느낄 것이다. 단지 우리가 진리에 미혹해서 그 고통을 우리 것으로 느끼지 못할 따름이다.

부처님을 중생의 모든 병을 치료하는 좋은 의사로서 비유하기도 한다. 동체대비의 가르침에 따른다면 광우병의 위험성은 그만큼 줄어드리라 생각한다. 부처님의 지혜가 시공을 초월해서 빛나고 있음을 알 수 있다.

하지만 사회생활을 하다보면 타인들과 육식을 함께 해야 하는 모임을 피할 수 없는 경우가 많다. 그럴 때는 우리가 먹는 축생들을 위하여 염불해 주는 것이 어떨까? 그들도 언젠가 정토에 왕생하여 성불하기를 바라면서 말이다.

학문하는 마음

나에게 여행하는 즐거움의 하나는 그동안 보고 싶었던 책을 가지고 떠나는 것이다. 그 책을 비행기나 호텔방에서 그냥 닥치는 대로 읽어가는 즐거움을 모르는 사람은 모르리라. 학회 참석차 미국 컬럼비아대학교에 갈 때 가져간 책 중의 하나가 일본 수학자 히로나카 헤이스케[廣中平祐]의 『학문의 즐거움』이었다.

히로나카 헤이스케는 1970년에 수학의 노벨상에 해당하는 필드상을 수상한 일본 수학계를 대표하는 학자다. 히로나카는 내가 보기에는 천재인데 자기는 천재가 아니고 단지 남이 한 시간 공부할 때 두 시간 하고, 한번 시작한 문제는 끈기 있게 물고 늘어지는 노력형이어서 성공할 수 있었다고 겸손하게 말하고 있다. 『학문의 즐거움』에서 그는 학문하는 후배들을 위하여 그의 학문관, 인생관을 담담하게 이야기하고 있다.

히로나카가 후배들에게 주는 충고는 소심(素心)과 심사(深思)로 요약할 수 있다. 소심은 소박한 마음, 빈 마음을 말한다. 아무런 선입견도 갖지 말라는 이야기다. 이 말은 『금강경』의 "응무소주 이생기심(應無所住 而生其心. 집착함이 없이 마음을 쓰라는 뜻)"을 생각하게 한다.

히로나카는 이에 대한 예로 자기 이야기를 들려준다. 그는 어떤 중요한 문제를 독특한 방법으로 1차원과 2차원에서 풀고 중간발표를 했는데, 청중으로 왔던 저명한 수학자로부터 훌륭하다는 칭찬을 받았다고 한다. 이 칭찬에 너무 우쭐한 나머지 그 방법에만 집착하여 3차원에서 그 문제를 풀려고 했다. 그가 2년여를 허송세월할 때 어느 젊은 수학자가 자기가 이미 알고 있는 다른 방법으로 그 문제를 풀어버려 큰 충격을 받았다고 한다.

심사는 문제를 깊이 생각하여 그 해결에 조그만 착오도 없도록 하라는 이야기다. 어려운 문제를 풀다가 대략 95%가 해결되었을 때 성급한 마음에서 마치 다 해결된 것처럼 발표하면 그 나머지 5%가 반드시 보복한다는 것이다. 학문의 세계에서는 단 1%의 허위도 통할 수 없다는 이야기다. 그는 뛰어난 재능을 가진 많은 젊은 수학자들이 이 조급함의 덫에 걸려 학계에서 매장되는 불행한 예를 많이 보았다고 말하고 있다.

이 말은 "직심(直心)은 보살의 정토"라는 말을 생각하게 한다. 학자는 진리를 추구하는 사람으로서 불교적인 견지에서 상구보리하는 보살이라고 할 수 있다. 따라서 학자가 살아야 할 국토는 정직한 마음인 직심이다. 여기에서 어긋나면 이 사람은 보살이 아니고 인과의 법칙에 의하여 정확히 응징된다는 이야기다.

결국 히로나카 교수가 후배들에게 주는 충고인 소심과 심사는 해결해야 할 문제를 빈 마음으로 깊이 생각하고 결과의 발표에 있어 절대로 정직하라는 말로 풀이할 수 있다. 이 말은 부처님의 가르침에서 추호도 어긋남이 없다.

겨우 존재하는 것들

꿈속의 허깨비와 헛꽃을

왜 붙잡으려 애쓰는가?

_승찬 대사, 『신심명』 중에서

연초에 학교에 갈 일이 있었다. 밤이 되자 눈이 내리기 시작해 서둘러 일을 마치고 떠났다. 어둠 속에서 하얀 눈송이들이 춤추며 다가와 운전석 앞 차창에서 스르르 녹아버렸다. 그저 잠시 머물다 사라져버렸다.

얼마 전 입자물리학자 김재완 교수의 『겨우 존재하는 것들』을 읽었다. 40여 년 전에 상대론과 양자론을 조금 배운 후 그 분야를 공부할 기회가 없어 항상 아쉬운 마음이 남아 있었다. 『겨우 존재하는 것들』은 그 아쉬움을 단박에 날려버리는 명저

였다. 저자는 뛰어난 유머감각으로 광대무변한 우주로부터 지극히 작은 소립자의 세계까지 지난 세기 물리학자들이 이룩한 위대한 지적 성취를 명쾌히 설명하고 있다.

예로부터 사람들은 모든 물질이 더 쪼갤 수 없는 기본 단위로 되어 있으리라고 생각했다. 이러한 단위를 찾으려는 과학자들의 노력이 19세기 말에 100여 종의 원소 그리고 20세기에 원소를 구성하는 원자핵과 그 주위를 도는 전자의 발견으로 이어졌다. 원자핵은 다시 양성자와 중성자라는 기본적인 입자로 이루어져 있음이 밝혀졌다. 따라서 모든 물질을 이루는 기본 입자는 양성자, 중성자와 전자로 볼 수 있으며, 이 기본 입자들을 '소립자'라고 부른다.

여기서 그쳤으면 물리학자들은 행복했을 것이다. 그러나 '긁어 부스럼'이라는 말이 있듯이 그들은 입자가속기라는 장치를 만들어 양성자를 전기와 자기를 이용해 굉장히 빠르게 가속해 원자핵을 때리기 시작했다. 그러자 원자핵을 구성하는 양성자와 중성자가 쪼개지면서 그 속에 있던 더 작은 소립자들이 튀어나오기 시작했다. 마치 '판도라의 상자'를 연 것처럼.

1960년대에 이르러 수백 종의 소립자들이 발견되었으며 이것들의 대부분이 나타났다가 찰나보다 더 빠르게 사라져버렸다. 앞으로 얼마나 더 많은 소립자들이 발견될지 알 수 없다. 이 소립자들에 대한 연구가 현재 물리학의 핵심과제가 되어 있다.

이 소립자 중의 하나인 '중성미자'는 중성자가 원자핵 밖에서 베타붕괴를 하며 소멸할 때 양성자, 전자와 함께 방출된다. 중성미자는 스위스의 거만한 천재 물리학자 파울리(Wolfgang Pauli)가 이론적으로 그 존재를 예언했으나 발견하는 데 30년이 걸렸다. 파울리의 제자가 MIT의 교수직에 응모해서 그가 다음과 같은 추천서를 써주었다고 한다. "이 친구 정말 석두(石頭)이다." 그럼에도 불구하고 추천서를 안 써주기로 유명한 파울리가 추천서를 써 MIT는 그 석두를 채용했고 그 석두는 나중에 유명한 교수가 되었다.

중성미자가 발견되는 데 그렇게 오랜 시간이 걸린 이유는 그것이 눈에도 안 보이고, 무게도 거의 없고, 전기적으로도 중성이고 단지 에너지만 지니고 있기 때문이다. 다시 말해 유령 같은 소립자였다. 1988년도 노벨상 수상자인 레더만(Leon M. Lederman)은 이 중성미자를 다음과 같이 표현했다.

"모든 수단을 동원해도 관측할 수 없으면 이는 존재하는 것이 아니다. 그런데 중성미자는 겨우 존재하는 실체인 것이다."

일각 스님은 『반야심경』의 "색즉시공"을 "몸이 곧 마음이다"라고 풀이하셨다. 즉 물질과 마음이 같다는 말씀이다. 그렇다면 물질을 구성하는 가장 기본적인 단위인 소립자를 찾으려는 것은 마음을 구성하는 최소단위를 찾으려는 것과 다름 아니다. 이것이 과연 가능할까?

유식불교에서 이 문제를 다루고 있다. 세친 보살의 『유식삼십송』 중 이십송에서 물질을 구성하는 최소단위를 '극미(極微)'라 하고 그 실재성에 관한 정교한 논의를 전개한다. 결론은 그러한 극미가 실재하지 않다는 것이다. 물리학적 맥락에서 이것은 소립자들이 실재하지 않는다는 것을 의미한다. 소립자들을 찾으려고 애쓰는 물리학자들에겐 승찬 대사의 말씀이 적절한 코멘트가 될 것 같다.

"모든 것이, 물질도 마음도 꿈속의 허깨비이고, 헛꽃으로 애써도 결코 붙잡을 수 없다."

우리가 감지하는 세계가 꿈속의 헛꽃으로 실재하지 않는데 그 세계를 구성하는 최소단위가 어떻게 실재할 수 있겠는가?

학교를 빠져나오자 주위가 좀 밝아졌다. 무수한 눈송이들이 어둠 속에서 더 밝게 다가와 차창에서 사라져버린다. 내 마음 바닥 모를 깊은 어둠 속에서 떠올라 다시 그 어둠 속으로 사라져버리는 상념들처럼.

모든 것이 겨우 존재하는 것들이다. 그저 간신히 존재하는 것들인 것이다. 우리의 사랑, 미움, 기쁨, 슬픔까지도.

수재병

최근에 우리나라에 노벨상을 수상한 과학자들의 출입이 잦아지고 있다. 이들은 대중강연을 포함한 학술활동을 통하여 IMF 이후로 인기가 급격히 떨어진 우리나라 기초과학의 진흥에 크게 기여하고 있다. 노벨 물리학상 수상자인 일본 교토 산업대의 마스카와 도시히데[益川敏英] 교수는 방한하여 우리가 귀담아들어야 할 귀중한 조언을 남겼다.

한국물리학회 주최의 만찬에서 한 물리학자가 노벨상을 받는 것이 모든 과학하는 사람들의 꿈이 아니냐고 묻자 그는 정색을 하고 이를 부인했다. 연구를 하다 보니 노벨상을 받은 것이지 노벨상을 받기 위해서 연구를 한 것은 아니라고 했다. 또 교육과학기술부 장관이 주최한 만찬에서 한 화학자가 자신이 하고 있는 연구분야의 전망을 물었을 때 성공할 가능성을 따지기보다 자기가 하고 싶은 분야를 캐는 것이 최우선이라고 답했다.

대부분의 사람들은 자기가 하는 행위에 대한 대가나 보상을 먼저 따지고 일을 하는 경향이 있다. 마스카와 교수는 이러한 태도를 지양하라고 말하고 있는 것이다. 대가를 따지기보다 자기가 하고 싶은가를 우선시하라는 것이다. 인생의 각 분야에서 하기 싫은 일에서 대성한 사람은 없다. 사람은 자기가 좋아하는 일에서 최대의 성과를 거둘 수 있다. 일에 대한 대가는 자연히 따라오기 때문에 그걸 생각 말고 하고 싶은 일을 택하고 거기에 최대의 노력을 집중하라고 그는 조언한다.

『금강경』에 무주상보시와 그 무량한 공덕이 누차 강조된다. 대가나 보상을 따지지 않고 자신이 좋아하는 일에 최선을 다하는 사람은 넓은 의미에서 국가사회에 대해 무주상보시를 행하는 사람이라고 볼 수 있다. 무주상보시를 실천하는 사람들에게 어찌 공덕이 뒤따르지 않겠는가?

우리의 자녀교육에도 이 점은 매우 중대한 의미를 함축한다. 자녀의 진로를 숙고할 때 무엇보다도 그들이 무엇을 가장 하고 싶어 하는가, 어떤 적성이 있는가를 신중하게 살피고 그 방향으로 진로를 택하도록 도와주어야 한다. 일류 대학이나 사회적 유행에 대한 고려는 배제되어야 한다.

마스카와 교수는 소위 수재병(秀才病)에 대해서도 경고했다.

두뇌회전이 빠른 수재는 중요한 논문을 금방 이해하고 그걸 발전시키기 때문에 빛이 난다. 하지만 진정한 연구는 그 너머에 존재한다. 난제에 부딪히면 수재는 "어렵네" 하고 그 옆을 돌아보고 그가 할 수 있는 다른 일을 택하여 옆길로 샌다. 이렇게 어려운 문제를 피하여 자꾸 옆길로 새는 사람들은 대학원생까지는 활약하지만 조교수급이 되면 점점 사라진다고 했다. 조교수 때 가서 잘하는 사람은 조금 느리다 싶은 그런 사람이었다. 꾸준히 오래 앉아 있는 사람이 좋은 연구자로 발전했다는 것이다.

대기만성이라고 한다. 어려운 일치고 쉽게 풀리는 경우가 드물다. 요즘 학자의 업적을 평가할 때 논문의 질보다 양을 따지는 경향이 있다. 따라서 신진학자들은 우선 쉽게 논문이 완성될 수 있는 분야만 찾아 연구를 하는 것이 추세를 이루고 있다. 그러나 이렇게 해서는 큰 학문적 업적이 나올 수 없다. 어느 학문분야나 일정한 기간이 지나면 그 분야의 연구성과가 정리된다. 그 경우 대부분의 논문들이 휴지통으로 사라지고 그 일부만 남게 된다. 남는 일부 논문의 저자는 성공한 학자로 평가된다. 아무리 많은 논문을 출판해도 휴지통으로 사라진 논문들의 저자는 성공한 학자라고 볼 수 없다.

인생도 마찬가지다. 너무 영리하게 항상 실리를 따라 처신하는 사람은 천박한 인생으로 끝나버린다. 재능보다 노력을 믿고 어려운 일을 당하면 이를 자신을 향상할 수 있는 귀중한 기회로 여기고 물러서지 않아야 한다.

대가를 따지지 않고 자신이 하고 싶은 일을 택하고 어려움이 닥쳐도 물러서지 않고 진력하는 사람이 진정 보살도를 행하는 사람이 아닐까?

지구온난화와 인간의 욕망

기후학적인 측면에서 현재 지구는 약 2만 년 전에 끝난 마지막 빙하기에서 전반적으로 기온이 상승한 간빙기에 있다. 지구는 지난 200만 년에 걸쳐 대략 30여 회의 빙하기-간빙기의 사이클을 경험했다.

세르비아의 천문학자 밀란코비치(Milutin Milankovic)는 20세기 초에 빙하기-간빙기의 사이클이 지구 자전축의 기울기 변화와 태양 주위를 도는 지구 공전궤도의 변화로 지구가 태양으로 받는 복사에너지가 변하여 발생함을 밝혔다. 그후 지구과학자들은 지구가 대략 10만 년의 주기를 갖는 빙하기-간빙기의 사이클을 통하여 기온 변화를 5~10℃의 폭의 일정한 수준으로 조정해 왔다고 추정하고 있다.

이 긴 주기의 기후변화 패턴은 천문학적인 현상에 기인하므로 정확하게 유지될 것이다. 따라서 이러한 장기간의 기후변화 패턴이 지속한다고 가정한다면 앞으로 지구는 간빙기를 벗어나 전반적으로 그 기온이 하강하는 빙하기에 접어들 것이다.

그러나 지난 100여 년간의 관측에 의하면 지구의 평균기온은 대략 0.7℃ 상승하였다. 이 지구온난화 현상은 18세기의 산업혁명 이후 인류가 에너지원으로 사용한 석탄, 석유, 천연가스 등 화석연료에서 배출되는 온실가스가 급증하여 발생한 것임이 밝혀졌다. 지구온난화 현상은 자연적인 원인이 아니고 인간의 활동에 의하여 기후의 패턴이 변하는 최초의 획기적인 기후현상이라고 볼 수 있다. 그러나 불행하게도 인류의 활동에 기인한 지구온난화 현상은 우리에게 엄청난 환경재앙을 불러온다.

2007년 5월 초 방콕에서 열린 UN 정부간 기후변화위원회(IPCC)는 지구온난화로 인한 재앙을 막는 데 우리에게 주어진 시간은 8년뿐이라는 충격적인 보고서를 제출하였다. 이 보고서에 의하면 2015년 이후에도 온실가스 배출량이 계속 증가하면 "돌이키기 어려운 상황"에 처할 것이라고 경고한다. 온실가스의 배출을 지금처럼 방치하면 2030년에는 기온이 약 4℃ 증가하여 10억~20억 명이 물 부족을 겪고, 생물종의 20~30%가 멸종할 위기에 처하고, 최대 300만 명이 홍수의 피해를 입는 끔찍한 환경재앙이 일어나리라는 것이 그 내용이다.

현재의 지구온난화는 그 주범인 화석연료들이 대체로 금세기 내에 고갈되리라고 예상되므로 비정상적으로 더운 단기간의 간빙기 기후현상으로 끝나리라고 예상할 수도 있다. 그럼에도 불구하고 온실가스의 방출이 증가하여 지구온난화가 가속되면 금세기에 지구가 회복하기 어려운 엄청난 환경재앙을 받게 되리라고 IPCC가 경고하고 있는 것이다. 세계기상기구(WMO)도 폭염, 홍수, 가뭄, 산불 등 최근 극단적인 지구 기상재해가 지구온난화와 연관되어 있다고 말하고 있다.

지난 세기에 화석연료 사용으로 전 세계의 평균기온이 0.7℃ 상승했지만 기상청에 의하면 우리나라는 같은 기간에 평균기온이 그 2배가 넘는 1.7℃ 상승했다고 한다. 특히 대구 지역은 2000년대(2000~9년) 연평균 기온은 12.8℃로 1910년대(1900~10년)보다 2.1℃ 상승했다 한다. 이는 한반도에서 온난화의 속도가 지구 전체의 2배, 특히 대구 지역은 3배 빨리 진행되고 있음을 의미한다. 폭염, 홍수, 산불 등 지구온난화 재난에 대한 신속한 정부대책 수립의 중요성은 아무리 강조한다 해도 지나치지 않을 것이다.

지구온난화는 국지적이 아닌 전 지구적 현상이므로 이 문제의 해결을 위해서는 전 세계의 모든 국가들이 긴밀하게 협조해야 할 필요가 있다. 지구온난화 문제의 해결책으로 IPCC는 온실가스 감축, 태양에너지 풍력 등 신재생에너지의 개발, 에너지 효율향상 등을 제시하고 있다. 이러한 방책들은 주로 국가적 차원에서 추진되어야 할 사항들이다.

개인적인 차원에서 지구온난화 문제에 어떻게 대처할 수 있을까? 무엇보다도 우리 생활에서 에너지 절약을 실천해야 한다. 에너지의 소비를 줄이는 것은 결국 우리의 무절제한 욕망을 줄이는 것과 연관된다. 인간은 욕계의 중생이라 그 욕망의 추구에 끝이 없다. 욕망은 대부분 육체적 쾌락을 추구하는 경향이 있는데, 이 세상에 육체적 쾌락이 한없이 많으므로 이를 끝없이 추구하는 것이다. 심지어는 욕망의 충족을 행복의 척도로 생각하기도 한다. 과연 그러할까? 주굉 대사의 다음 말씀을 들어보자.

“뒷간의 파리는 개나 양이 보기에는 지독히 고통스러운 것을 고통으로 여기지 않고 즐거움으로 생각한다. 들에 있는 개나 양은 사람이 보기에는 지독한 고통을 고통으로 생각하지 않고 즐거움으로 생각한다. 이 세상의 인간들은 하늘에 있는 신들이 보기에는 지독한 고통을 당하고 있지만 이를 고통으로 생각하지 않고 즐거움으로 생각한다. 이렇게 추리해 나가면 천신(天神)들도 고통을 또한 즐거움으로 생각함을 알 수 있다. 이 점을 분명히 인식한다면 만 마리의 소도 우리의 정토왕생을 가로막을 수 없다.”

우리가 받는 모든 고통은 결국 우리가 고통을 즐거움으로

착각하기 때문에 발생한다. 인간이 그 고통의 뿌리인 욕망을 자제하지 않는 한 지구온난화 등 여러 가지 환경재난을 피할 길이 없다.

우주개발을 지원하자

2013년 1월 30일 오후 4시 전남 고흥 나로우주센터에서 우리나라 첫 우주발사체(KSLV-I) 나로호가 성공적으로 발사되었다. 발사 9분 후에 나로과학위성이 2단 로켓에서 분리되어 궤도에 진입했다는 소식이 전해지자 이를 가슴 조이며 바라보고 있던 온 국민이 환호했다.

오후 5시 이주호 교육과학기술부장관은 발사성공을 공식 선언하며 말했다.

"학생 · 청소년 여러분, 대한민국은 세계로 우주로 뻗어나가고 있습니다. 마음껏 꿈을 펼치기 바랍니다."

1월 31일 오전 3시 28분 나로호 과학위성과 KAIST 인공위성연구센터 지상국과의 교신이 이루어짐으로써 나로호 발사 프로젝트는 완벽한 성공을 거두었다. 이는 우리나라 우주개발

역사의 새로운 장을 연 쾌거라 아니할 수 없다. 이 성공으로 우리나라는 자국에서 자국발사체로 자국 위성을 쏘아올린 국가를 뜻하는 '스페이스 클럽'의 11번째 국가가 되었다.

나로호 발사를 총지휘한 조광래 나로호발사추진단장은 30일 나로호가 무사히 궤도에 진입한 후 열린 브리핑에서 "죄송하다는 말부터 드리고 싶다"라고 말문을 열었다. 이 프로젝트에 참여한 수많은 과학기술자들이 그간 책무감으로 얼마나 많은 스트레스를 받고 있었는지를 대변한 말이었다. 2009~10년의 1, 2차 발사 실패에 이어 2012년 두 번의 연기로 또 실패하지 않을까 하는 불안감에 손톱, 수염을 안 깎고 속옷도 안 갈아입은 연구원도 많았다고 한다. 이 모든 어려움을 극복하고 국가적 경사를 성취한 이들 과학기술자들에게 아낌없는 찬사를 보낸다.

그러나 정확하게는 나로호의 성공은 절반의 성공에 지나지 않는다. 발사체의 핵심인 1단 로켓을 러시아가 만들었고 2단 발사체와 인공위성만 우리 기술로 만들었기 때문이다. 정부는 2년 전에 나로호와 별도로 2021년까지 아리랑 위성과 같은 1.5톤급 실용위성을 지구저궤도(600~800km)에 올려놓을 수 있는 한국형 발사체(KSLV-II)를 만드는 계획을 수립하였다. 이 프로젝트가 성공해야 우리나라가 진정으로 스페이스 클럽에 가입했다고 할 수 있을 것이다.

한국형 발사체 사업이 성공하려면 예산과 인력의 뒷받침이 필요하다. 항공우주연구원은 이 사업에 1조 5449억 원이 소요된다고 추정했다. 우리나라 우주개발 예산은 한 해 2000~3000억 원으로 3조 원이 넘는 일본의 10분의 1에도 미치지 않는다. 인력의 문제도 심각하다. 조광래 나로호발사추진단장은 한국의 발사체 개발인력은 200명이지만 러시아의 우주 개발인력은 4만 5000명이나 된다고 말했다.

박근혜 대통령은 선거 전 TV토론에서 한국형 발사체를 조기 개발하겠다고 공약했다. 우주산업은 재료공학, 연소공학, 제어공학 등 다양한 분야의 기술집약적 산업이므로 경제적 파급효과가 크다. 산업연구원에 의하면 앞으로 나로호 발사성공의 경제적 파급효과는 1조 8000억 원에서 3조 원에 이른다고 한다. 박근혜 정부는 대통령이 우주개발 분야에 공약한 사업들이 차질 없이 추진되도록 적극 지원해 주기를 기대한다.

우주개발의 지원은 다른 측면에서 매우 중요한 의미를 갖는다. 우리나라 앞날에 드리운 어두운 그림자의 하나는 청소년들의 이공계 기피 현상이다. 2013년 KAIST의 등록률이 전해 89%에 이어 84%로 떨어졌다 한다. 이는 우리나라가 지난 반세기 동안 과학기술국으로 급속한 선진화를 달성하는 데 견인차 역할을 한 KAIST의 위상을 생각할 때 충격적인 뉴스가 아닐 수 없다.

우주개발은 청소년들의 무한한 과학적 상상력을 자극하는데 가장 드라마틱한 분야라고 할 수 있다. 정부가 이를 적극 지원할 때 우리나라 청소년들이 이공계에서 무한한 꿈을 펼치는 새로운 돌파구를 만드는 긍정적인 효과를 기대할 수 있으리라고 생각한다.

정토의 길

매일 오시는 부처님

오월은 축제의 달이다. 근로자의 날, 어린이날, 어버이날, 부처님 오신 날, 스승의 날이 모두 5월에 있다. 과연 축제의 달이라 할 만하다. 20세기 인도의 한 구루는 "인생은 의미 없는 축제"라는 말을 했다. 왜 그럴까? 축제는 즐거운 행사이니 인생이 축제라면 바로 극락이 아니겠는가? 『아미타경』도 극락세계에 사는 중생들에게는 "어떠한 괴로움도 없고 오직 즐거운 일만 생긴다"라고 설한 것처럼 말이다.

부처님은 인류의 가장 위대한 스승의 한 분이셨다. 비록 불교인이 아니라고 할지라도 누구도 이 점은 부인할 수 없을 것이다.

2550여 년 전 사월 초파일에 석가모니는 카빌라국 정반왕의 아들로 태어나셨다. 세존이 태어나셨을 때 어떤 선인이 그분이 전륜성왕[轉輪聖王 또는 전륜왕. 고대 인도 사상에서 말하는 이상적인 군주로 무력이 아닌 정법(正法)으로 전 세계를 통치한다.; 편집자]이나 아니면 전 인류를 제도할 수 있는 부처가 되리라 예언했다. 정반왕은 부처가 되는 것을 막으려고 세존이 인생의 어떠한 괴로움도 볼 수 없도록 신하들에게 철저하게 지시했다. 그래서 카빌라성 밖으로 나가보시기 전까지 세존에게 인생은 아무런 괴로움도 없는 즐거운 것이었다.

세존은 성 밖에 나가서 비로소 생로병사의 고통스러운 실상을 보고 큰 충격을 받으셨다. 그 자신을 포함하여 어느 누구도 이 고통스러운 인생의 실상을 피할 수 없음을 알게 되자 그는 깊은 고민에 빠졌다. 이를 피하는 길이 과연 있을 수 있는가? 이 의문은 그분에게 화두가 되었고 궁성에서 결코 이를 해결할 방도가 없음을 깨닫고는 드디어 아무도 모르게 야밤에 성을 빠져나가셨다.

여러 스승들을 만나고 갖은 고행을 거친 후 성도일(聖道日)에 보리수 밑 길상초에 앉아서 마침내 생로병사의 고통을 완전히 끝내는 길을 깨달으시고 부처가 되셨다. 성도일은 인류 역사상 가장 위대한 날이 되었다. 이후 세존은 평생을 그 위대한 길을 우리 중생들에게 가르치시다가 열반하셨다.

세존은 처음엔 우주의 진리 따위엔 관심이 없으셨다. 그분의 관심사는 오직 그 자신을 포함한 모든 인류의 생로병사의 고통을 뿌리째 없애는 데에 있었다. 그러나 그 길을 찾다보니 결국 우주와 인생의 실상을 깨닫게 되신 것이다. 깊은 자비심에서 출발하여 결국 큰 깨달음을 이루신 것이다.

그 깨달음이 무엇인가? 고통받아야 할 내가 실재하지 않는다는 것이다. 아무리 찾고 찾아보아도 고통받아야 할 나를 찾을 수가 없었다. 내가 없는데 우리가 지각하는 것에 어떤 실제성이, 어떤 의미가 있을 것인가? 모두가 모르는 것뿐이다. 오직 모를 뿐이다(Only Don't Know, 但知不會). 이것이 인도의 구루가 "인생은 무의미한 축제이다"라고 주장한 이유이다. 우리가 진정 이를 자각한다면 우리가 만나는 모든 것이 새로운 것이고 우리는 무한한 신비감 속에서 면도날처럼 예리한 각성으로 매 순간순간 극락에서 살게 되리라.

세존이 오신 날을 기리는 진정한 의미는 그분의 육신이 오신 것을 기리는 것보다 그분의 가르침을 기억하고 이를 실천하려고 노력하는 데 있다고 생각한다. 우리가 만약 그분의 가르침을 자각하고 매 순간, 아니면 매일 이를 기억하여 실천하려고 노력한다면, 매일매일이 부처님 오신 날이 될 것이다. 매일매일이 좋은 날이고, 매일매일이 극락으로 가는 날이 될 것이다.

행복론

엄마야 누나야 강변 살자
뜰에는 반짝이는 금모랫빛
뒷문 밖에는 갈잎의 노래
엄마야 누나야 강변 살자
_김소월, 「엄마야 누나야」

나는 이 짤막한 시를 퍽이나 사랑한다. 소월은 아깝게 33세에 요절했으나 그는 우리에게 더없이 아름다운 노래들을 남기고 떠났다.

「엄마야 누나야」 속의 소월을 보면 짧은 생애를 행복하게 살다 떠났으리라는 생각이 든다. 그는 단지 엄마와 누나와 강변에 사는 것만 바랐다. 강으로 향한 뜰에는 금빛 모래알이 반뜩인다. 그리고 뒷문 밖에는 갈잎이 노래 부른다. 강물은 시간 속으로 끝없이 흘러가고.

『아미타경』에 극락정토의 대지는 황금으로 장엄되어 있다고 설했다. 그리고 잔잔한 바람이 일면 보석으로 장엄된 나무들이 아름다운 소리를 내어 그 소리를 듣는 사람들은 모두 부처님, 불법, 그리고 스님들을 생각한다. 그리고 그곳에는 불도를 닦는 길에서 물러남이 없는 사람들만 산다, 서로 사랑하며 도우며. 소월이 지상에서 꿈꾸던 행복의 세계는 『아미타경』에서 설한 극락정토의 초미니 나노(nano) 축소판이라는 느낌이 든다.

행복을 추구하고 있다는 것은 인간에게 단 하나의 공통점이라 생각한다. 그런데 세상에 왜 그렇게 불행한 사람들이 많은가? 나만 불행한 줄 알았는데 알고 보니 모두가 불행한 사람들인 것 같다. 우리가 추구한 행복이 사실은 행복의 탈을 쓴 불행이 아니었을까? 그렇다면 진정한 행복이란 무엇인가?

쉽지 않은 화두라고 생각한다. 나는 이 화두에 대한 해답이 『아미타경』에 제시되어 있다고 본다. 『아미타경』에 나오는 어떠한 괴로움도 없고 단지 즐거움만 있는 것이 진정한 행복이라 생각한다. 어떤 괴로움도 없는 마음의 상태가 되면 즐거움이 자연히 따라오고 그것이 진정한 행복이 아닐까?

인류 역사상 인간의 고통에 대하여 가장 깊게 고민하고 사유한 분이 석가모니 부처님이라고 생각한다. 석가모니는 정밀한 과학적 방법으로 인간의 실존적 고통의 본질을 냉철하게 분석하셨다. 그리고 우리를 그로부터 구출할 수 있는 완벽한 처방을 제시하셨다. 그 만병통치의 처방이 바로 불교이다. 불교는 모든 중생의 완벽한 행복 지침서이다.

따라서 불교를 공부하고 그 가르침을 실천하려고 노력하는 데에 진정한 행복이 있음을 바르게 인식해야 한다고 생각한다. 불교는 "한없는 긴 시간 속에서 참으로 만나기 어려운 더없이 깊고 아름다운 가르침"임을 뼈저리게 인식해야 한다.

우리는 이생에서 불법을 만난 이 귀중한 인연을 낭비하는 어리석음을 범해서는 안 된다. 이 몸을 버리면 언제 다시 불법을 만날지 참으로 그 앞날을 기약할 수 없다.

행복을 바라는가? 진정으로 행복하길 바라는가? 불교의 가르침에, 그 깊고 아름다운 깨달음에 길이 있다.

운명을 바꾸는 법

내가 중국 고전인 『요범사훈(了凡四訓)』을 만난 것은 29년간 몸담았던 서울대학교를 떠날 때였다. 지내고 보니 내 일생에서 어떤 운명적인 힘이 강력히 작용해 왔음을 느낀다. 『요범사훈』은 국내에서도 출간되어 있었는데, 나는 대만의 어떤 고승이 해설한 책으로 보았다. 이 책은 명나라의 선비인 원요범(袁了凡)이 아들 천계(天啓)에게 인생을 올바르게 사는 방법으로서 가르친 네 개의 교훈으로 되어 있다.

원요범은 어릴 적 어떤 노인을 만나 자신의 운명에 대한 예언을 듣게 되었다. 시간이 지나면서 그 노인의 예언들이 들어맞자, 그는 사람의 운명은 미리 정해져 이를 바꿀 수 없는 것으로 알고 그냥 되는 대로 살았다. 그러다 운곡(雲谷) 대사를 만나 운명은 우리의 의지와 노력에 의하여 바꿀 수 있음을 배우게 되었고 그 가르침을 적극적으로 실천하여 실제로 그 노인이 예언한 운명을 바꾸게 되었다.

그럼 운곡 대사가 가르친 운명개조법은 무엇인가? 바로 우리가 잘 아는 칠불통계(七佛通戒)다. "나쁜 짓 하지 말고 착한 일 하고 마음을 깨끗하게 닦아라. 이것이 부처님의 모든 가르침이다."

원요범은 운곡 대사의 가르침을 충실하게 따라 악행을 삼가고 적극적으로 선행을 하고 준제주(准提呪. 모든 부처의 어머니이고 모성과 자비를 상징하는 준제보살의 공덕을 기리는 주문; 편집자)를 지송하여 자식이 없을 운명이었으나 자식을 보았고, 53세에 죽을 운명이었으나 74세까지 살았다.

원요범의 이야기가 보여주듯이 불교는 확실한 운명개조법이다. 그런데 불교의 신행으로도 생활의 향상을 느끼지 못한다면 어디에 문제가 있는 것일까? 불교를 잘못 이해하거나 진실하게 수행하지 않는 데 있으리라.

불교를 이해하는 데 중요한 포인트는 과연 무엇이 악이고 무엇이 선이냐 하는 문제이다. 이 점에 대하여 『요범사훈』에서 원나라의 고승 중봉(中峰) 대사는 "남을 위한 것이 선이고 자신만의 이익을 위한 것이 악이다"라고 명쾌하게 밝혔다. 그러나 이러한 선과 악을 분명히 구분하기 위해서는 참지혜, 즉 고도의 지성이 요구된다. 참지혜는 빈 마음, 즉 청정한 마음에서 나온다.

여기에서 우리는 『금강경』에서 베풀고도 베풀었다는 상이 없는 최상의 보시인 무주상보시(無住相布施)가 최고의 복덕행으로 강조되는 이유를 알 수 있다. 보시는 남을 위한 것이기 때문에 악행이 아니고 선행이다. 보시가 지극해지면 모든 집착을 여의게 되어 마음이 자연히 청정해진다. 우리는 무주상보시를 통하여 악행을 짓지 않고 선행을 하며 그 마음을 청정히 하라는 모든 부처님의 가르침인 칠불통계를 수행하게 된다.

그다음으로 중요한 포인트는 실천의 문제이다. 비록 부처님의 가르침을 이해한다 해도 이를 진실한 마음으로 실천하지 않으면 소용이 없다. 결코 이로부터 귀중한 혜택을 입을 수 없다. 진실하고 정직한 불교의 신행이 필요한 이유가 여기에 있다.

나는 40대 중반에 불교를 만났다. 좀더 빠르게 만나지 못했음을 아쉬워한다. 그랬더라면 더 편한 마음으로 은퇴할 수 있었으리라 믿기 때문이다.

정토의 길

가을이 깊어가고 있다. 맑고 푸른 하늘을 배경으로 피어있는 가을 잎들의 아름다운 색조가 황홀하기까지 하다. 그 뒤로 가을 하늘은 더욱 멀고 아득하게 보인다.

올 여름은 참으로 견디기 힘들었다. 끝없이 비가 내렸고 가혹한 태풍이 왔고 더위 또한 극성이었다. 우리가 사는 이 사바세계를 오탁악세라고 한다. 그중 겁탁(劫濁)은 외부의 환경적 요인이 탁해져 우리가 고통을 받는 것을 말한다. 지구온난화에 의한 폭염, 한파, 태풍, 홍수 등 각종 기상재해가 이런 것들이다. 이럴 때 우리는 이러한 고통들로부터 해방된 어떤 청정하고 아름다운 환경, 즉 정토(淨土)를 그리워하게 된다. 그렇다면 정토는 우주 어디에 있을까? 불교가 인간을 고통으로부터 해탈시키는 것을 목표로 한다면 불교는 우리를 정토로 인도하는 가르침이라 할 수 있다.

석가모니는 『아미타경』에서 여기로부터 서쪽으로 10만억 불국토를 지나 아득히 먼 곳에 지극히 청정하고 아름답고 행복한 아미타불의 극락정토가 있다고 설하셨다. 또 만약 어떤 사람이 과거에 정토왕생을 발원했거나 현재에 발원하거나 미래에 발원하면, 그곳에 이미 왕생했거나 현재 왕생하거나 미래에 왕생할 것이라고 설했다. 아주 단순한 말씀이다. 그러면 우리는 왜 지금 정토에 있지 않고 이 더러운 예토에 살고 있을까? 그 이유는 아주 간단하다. 우리가 정토왕생을 진실로 원하지 않았기 때문이다. 이 예토가 좋아서 떠나기 싫었기 때문이다. 요즘 일부 스님들의 몰지각한 행태를 볼 때, 그들이 진정으로 이 더러운 예토를 사랑하고 있다는 생각이 든다.

채동선 선생의 가곡에 「그리워」가 있다. 이 가곡에 붙인 이은상 선생의 시가 참으로 아름답다.

그리워 그리워 찾아와도
그리운 옛 임은 아니뵈네
들국화 애처롭고
갈꽃만 바람에 날리고
마음은 어디고 붙일 곳 없어
먼 하늘만 바라본다네

우리는 왜 다시 이 고통스러운 오탁악세에 돌아왔나? 무엇이 그리워 찾아왔을까? 와서 그리던 것을 찾았는가? 들국화 애처롭고 갈꽃만 바람에 날리던 날 왜 마음은 어디고 붙일 곳 없이 먼 하늘만 바라보고 있을까?

눈물도 웃음도 흘러간 세월
부질없이 헤아리지 말자

지나간 세월은 모두 부질없이 헤아리다 눈물과 웃음 속에 허망하게 흘러간 세월이 아닐까? 이 예토의 꿈같고 아지랑이같이 허망한 것들 속에서 부질없이 헤아리다가 흘러간 것이 아닐까?

그대 가슴엔 내가
내 가슴에는 그대 있어
그것만 지니고 가자꾸나

『아미타경』에 정토를 그리워하고 아미타불만 가슴에 지니면 아미타불도 우리를 가슴에 지녀 우리가 정토에 왕생한다고 설했다.

그리워 그리워 찾아와서

진종일 언덕길을 헤매다 가네

우리나라의 불자가 천만 명이 넘는다고 한다. 그런데 왜 이 추하고 부끄러운 예토의 일들이 끊임없이 불교 종단 내에 일어나고 있는 것일까? 개탄스러운 일이다. 무엇이 문제인가?

불교는 이 땅 위에 청정하고 아름답고 행복한 정토를 구현하기 위한 여러 다양한 길을 제시한다. 그런데 우리는 왜 아직껏 예토에 살고 있을까? 무엇이 문제인가? 우리가 효과적이고 보편적인 길을 따르지 않았기 때문이 아닐까? 석가모니는 아주 간명하게 그 길을 가리키셨다. 아미타불의 아름다운 극락정토를 그리워하고 그곳에 왕생을 진정으로 발원만 하면 정토가 바로 우리 앞에 구현된다고. 이제 정토를 진지하게 조명할 때가 왔다고 생각한다. 더 이상 어렵고 힘든 여러 길 속에서 진종일 고통스럽게 헤매다 외롭게 가지 말자.

세세생생 보살도를 닦다

세상이 어지러울수록 어릴 때 아무런 걱정 모르고 부모형제와 함께 살던 고향처럼 정토가 그리워진다. 『아미타경』에 정토란 어떠한 괴로움도 없고 단지 즐거움만 있다[無有衆苦 但受諸樂]라고 설했다. 정토란 청정한 우리의 본심이다. 기원을 알 수 없는 까마득한 과거로부터 우리 마음은 탐,진,치 삼독심으로 오염되어 끝없이 육도(六道)의 시궁창에서 헤매고 있다. 정토란 우리 마음의 고향이다. "사랑하는 나의 고향을 한번 떠나온 후에, 날이 가고 달이 갈수록 내 맘 속에 사무쳐."라는 노랫말도 있다. 언제쯤 내 마음의 고향에 돌아갈 수 있을까? 아무런 괴로움도 없는 그곳에.

전생에 많은 선근공덕을 쌓지 않으면 불법을 만날 수 없다고 한다. 따라서 이 나라의 불자들은 전생에 많이 불도를 닦은 사람들이라 할 수 있다. 그럼에도 불구하고 왜 우리 세상이 이렇게 어지럽고 불행한가? 오랜 세월 보살도를 닦지 않았던가? 과연 언제까지 더 닦아야 성불할 것인가? 그리하여 우리 사는 세상이 정토가 될 수 있는 것인가?

많은 불자들이 세세생생 불도를 닦겠다고 다짐하는 것을 본다. 거룩한 서원이라고 할 수 있다. 그런데 몇 생을 더 닦아야 하는가? 성불의 기약도 없이 끝없이 불도만 닦는 것이 아닌가? 그 거룩한 서원 대신 금생이나 아니면 내생에 반드시 성불하겠다고 발원할 수는 없는 것인가? 이러한 발원은 세세생생 보살도를 닦겠다는 서원에 비하여 열등한 것인가?

세세생생 보살도를 닦겠다는 것은 결국 성불을 끝없이 미루는 길이 되지 않을까? 끝도 없이 몸을 바꾸어가며 괴롭게 육도에서 헤매는 것이 지겹지도 않다는 것인가? 세세생생 불도를 닦겠다는 사람들은 지겹지 않다고 생각할 수 있고 굳이 이를 탓할 필요는 없다. 그러나 그렇지 않다면 최소한 내생에는 기필코 성불할 수 있는 길을 진지하게 생각해 보아야 할 것이다.

일체개고(一切皆苦)는 불교의 핵심이다. 불교의 수행은 이 가르침에 대한 절실한 인식에서 출발한다고 해도 과언이 아니다. 만일 이 세상에 즐거운 일들만 있다면 굳이 불도를 닦아야 할 필요가 없을 것이다. 물론 여기에 예외가 있다. 불보살이 중생을 제도하기 위하여 이 사바세계에 나타난 경우다. 이런 존재들은 반야지에 그 마음이 머물러 일체의 괴로움이 있을 수 없다. 단지 아무런 괴로움이 없는 즐거움만이 마음에 충만할 것이다. 이런 불보살을 제외하고 이 세상이 다소라도 즐거운 것이 있다고 생각하는 사람은 부처님의 가르침을 진정으로 이해하지 못한 것이라고 할 수 있다. 따라서 이런 사람들에게 생사의 괴로움을 해탈하겠다는 절박한 마음도 수행도 있을 수 없다. 그저 세세생생 불도를 닦으면서 성불하겠다는 막연한 서원만 있을 수 있다. 절실한 수행이 결여된 서원으로 과연 성불을 기약할 수 있을까?

불교의 수행 중 오직 염불만이 금생이나 내생에 성불을 보장한다. 염불은 부처님을 기억하고 있지 않는 것이다. 부처님이 무엇인가? 선에서 자성미타(自性彌陀)라고 한다. 즉 우리의 청정한 자성, 본심이 곧 아미타불이라는 말이다.

나무아미타불은 우리의 청정한 자성, 삼독심이 완전히 제거된 마음의 고향에 귀의한다는 뜻이다. 귀의하는 순간 우리는 부처가 된다. 성불한다. 아득한 과거에 고향을 떠나 타향에서 온갖 고생을 하던 사람이 꿈에도 그리던 고향에 돌아온 것이다.

염불은 무식한 사람들을 위한 저급의 수행이 아니다. 위 없이 깊고 미묘한 길[無上甚深微妙法]이다. 금생에 염불로 성불하지 못하는 사람들은 내생에 극락세계에 환생하여 반드시 성불하는 길이다. 단 이생(二生)에 성불하는 이 수승(殊勝)한 길을 버리고 다생(多生)을 닦아 성불하겠다는 서원이 과연 바람직한가? 끝없이 육도를 헤매는 것이 끝없는 괴로움인 줄 모르는가?

난지도와 정토

어느 늦은 가을날 상암동 난지도에 갔다. 억새가 섬에 가득했고 길가엔 아름다운 꽃들이 스러지는 가을을 장식하고 있었다. 수많은 사람들이 산책을 하며 기념사진을 촬영하느라 분주했다. 석양이 되자 붉은 해가 억새 숲 너머 서산으로 지고 있었다. 나는 벤치에 앉아 둥근 해가 사라지는 것을 하염없이 바라보았다.

1990년대에 학생들과 난지도의 지하수 오염상태를 조사한 적이 있었다. 그때 난지도는 쓰레기 매립장으로서 악취가 진동했고 쓰레기에서 흘러나온 폐수가 한강으로 스며들고 있었다. 잠시 있기에도 견디기 힘든 역겨운 곳이었다. 이 쓰레기 매립장이 10여 년이 지난 후 서울시민들이 즐겨 찾는 아름다운 공원으로 탈바꿈한 것이다. 예토가 정토가 되는 것이 이런 것이로구나 하고 생각했다.

물리학에 엔트로피의 법칙이란 것이 있다. 외부와의 에너지 교류가 없는 닫힌 환경에서는 오직 엔트로피가 증가하는 현상만 발생한다는 것이다. 쉽게 말하면 모든 현상이 오직 불균질한 상태에서 균질한 상태로만 진행하고, 또 그렇게 에너지가 흘러간다는 말이다.

우리 인간의 생활은 본질적으로 에너지의 흐름 위에서 유지된다. 모든 개인 · 사회적 활동이 에너지의 흐름 위에서 전개되며 결국 지구의 엔트로피가 증대하는 상황이 발생한다. 인류의 문명은 지구를 균질화해 결국 지구는 어떤 가용에너지도 찾아볼 수 없는 쓰레기로 가득 찬 황무지로 변해간다. 이런 황무지에서 에너지의 흐름은 사라지고 인류문명의 꽃은 시들어버린다. 불교에서 말하는 예토, 말법(末法)시대의 환경을 물리학적 측면에서 이렇게 볼 수도 있을 것 같다.

실제로 우리가 사는 지구의 환경은 시간이 지날수록 악화되고 있다. 산업화가 가속되어 도처에 쓰레기가 넘치고 지구온난화의 재난이 급속히 진행되고 있다. 21세기 인류가 당면한 절체절명의 화두는 환경문제가 아닐 수 없다. 우리는 어떻게 이 문제를 해결할 수 있을까? 쓰레기 매립장이었던 난지도를 아름다운 생태공원으로 바꿀 수 있었던 것처럼 어떻게 예토를 정토로 바꿀 수 있을까? 불교가 여기에 어떤 해결책을 제시할 수 있을까?

나는 정토불교에 그 길이 있지 않을까 생각한다. 불교는 마음이 청정하면 그 환경이 청정해진다고 가르친다. 나는 마음이 청정하지 못한 사람이라 그 청정한 정토의 정경을 알 길이 없다. 깨닫지 못했기 때문에 깨달음의 세계가 어떠한지도 모른다. 그러나 석가모니 부처님은 자비롭게도 나에게 그 세계를 보여주셨고 그 세계로 가는 길을 가르쳐주셨다.

나는 게으른 사람이라 수행도 부실하고 절에도 자주 가지 않는다. 최근에는 더 게을러져 어떠한 수행도 않고 단지 『아미타경』만 읽고 아미타불 염불만 한다. 깨닫고자 하는 어떤 강박관념도 없이 『아미타경』에 설해진 극락정토의 지극히 아름답고 청정한 정경을 그저 그리워할 뿐이다.

나는 극락정토의 모든 아름다운 장엄이 나를 깨달음으로 이끄는 만다라이고 그 세계의 모든 아름다운 음악이 나를 깨달음으로 이끄는 만트라라고 생각한다. 우악하고 게으른 나에게도 이런 수승한 길을 가르쳐주신 석가모니께 한없이 감사드릴 뿐이다.

나선의 원처럼

세계적인 뮤지션 미셸 르그랑(Michel Legrand)의 음악에 「내 마음의 풍차」가 있다. 멜로디도 아름답지만 가사도 아름답다. 이 노래는 인생을 시작도 끝도 없이 돌아가는 나선의 원에 비유하고 있는데, 허망한 생각들을 실타래처럼 풀어가며 윤회하는 중생의 살림살이에 대한 적절한 비유라고 생각한다.

나선운동은 원운동이 어떤 방향으로 진행할 때 발생한다. 원운동은 2차원 운동으로 시간이 지나면 정확히 출발점에 되돌아온다. 그러나 나선운동은 3차원 운동이다. 원운동을 하지만 시간이 지나도 같은 지점에 돌아오지 않는다. 한 바퀴를 돌면 출발점에서 얼마큼 떨어진 지점에 이른다. 나선운동은 원운동과 직선운동이 복합된 운동이다.

시간은 직선운동을 하며 흘러간다. 한번 가버린 시간은 다시 돌아오지 않기 때문이다. 그러나 계절이 바뀌는 측면에서 볼 때 원운동을 한다고 볼 수 있다. 봄, 여름, 가을 겨울은 어김없이 되돌아오기 때문이다. 결국 시간은 직선운동과 원운동이 결합된 나선운동을 하면서 흘러간다고 볼 수 있다.

엄밀한 의미에서 윤회란 없다고 한다. 왜냐하면 윤회란 윤회하는 주체를 상정해야 하는데 불교는 그러한 주체를 인정하기 않기 때문이다. 무아(無我)사상은 불교의 사북이다. 『나선비구경』에서 나가세나 비구는 밀린다 왕에게 윤회와 무아의 문제를 다음과 같이 설명했다.

"초저녁에 타는 촛불과 밤중에 타는 촛불은 같다고도 다르다고도 말할 수 없다. 인간과 사물의 연속도 이와 같다. 생겨나는 것과 없어지는 것이 다르게 보이지만 지속되는 것이다. 이렇게 존재는 같지도 않고 다르지도 않으며 마지막의 의식으로 포섭된다."

정초 중생의 의식은 세모의 의식과 같다고도 다르다고도 할 수 없다. 중생의 의식은 중심의 주위를 원처럼 맴돌며 어떤 방향으로 진행한다. 무엇이 원운동의 구심력인가? 내가 실재한다는 미혹, 무명(無明)이다. 무엇이 원운동하는 중생의 의식을 어떤 방향으로 진행시켜 나선운동으로 만드는가? 중생의 선업과 악업이다. 이 무명과 업 때문에 중생은 허망한 생각을 실타래처럼 펼쳐가며 나고 죽는 고통을 반복하며 끝없이 육도에서 헤맨다. 그러나 지극히 먼 지점에서 볼 때 나선운동은 원운동처럼 보인다, 언제나 같은 지점으로 되돌아오는 원운동으로.

서방극락 정토는 여기서부터 10만억 불토를 벗어난 지극히 먼 곳에 위치한다. 의식의 무한한 확장, 이것이 해탈이고 열반이고 불교가 지향하는 바다. 에고(ego)의 구심력이 없으면 중생의 의식은 무한한 지점으로 직진한다. 에고의 집착에서 벗어나지 않는 한 아무리 시간이 지나도 중생의 고통은 사라지지 않는다. 『금강경』에 모든 유위법(有爲法)이 꿈과 같다고 했다. 모든 것을 꿈처럼 여기고 무위법(無爲法)으로 살지 않는 한 우리는 끝없는 고통 속을 나신의 원처럼 돌고 돌 것이다, 시작도 끝도 없이.

관세음보살이란?

20세기의 가장 위대한 이론물리학자의 한 사람인 슈뢰딩거(Erwin Schrödinger)는 유년기부터 줄곧 일기를 써왔고, 그 일기장을 "사라지는 것들(Ephemeridae)"이라고 이름 지었다 한다. 슈뢰딩거는 새로운 물질관, 세계관을 연 양자역학을 기술하는 강력하고 보편적인 도구의 하나인 파동방정식을 발견하여 1933년에 노벨 물리학상을 수상했다. 그는 우리가 살아가면서 경험하는 모든 현상은 본질적으로 변하여 사라져간다(제행무상)는 부처님의 가르침을 일찍이 체관(諦觀)하였던 것 같다.

20세기 현대물리학의 가장 중요한 업적의 하나는 모든 물질이 입자와 파동의 양면성을 갖는다는 물질파의 발견이다. 이 이론은 프랑스 물리학자 드 브로이(Louis de Broglie)가 제시하였고 그는 이 업적으로 노벨 물리학상을 수상했다. 입자는 공간에서 제한된 범위에 존재하고 고정된 형태를 가진 개념임에 반해 파동은 무한한 공간으로 그 존재가 끝없이 확장되고 또 그 형태가 끊임없이 흔들리며 변하는 현상이다.

이 입자-파동의 이중성은 『반야심경』의 "색즉시공"을 물리학적 용어로 표현한 것에 다름 아니다. 즉 색(입자)은 공(파동)과 같다는 것이다. 현대물리학이 위대한 발견으로 자랑하는 이 이론을 놀랍게도 부처님이 이미 2500년 전에 설파하신 것이다.

여기에서 공은 단지 어떤 존재의 부재를 의미하는 것이 아니라 우리가 감각할 수 없는 어떤 파동 또는 에너지의 실재로 이해해야 한다. 모든 파동은 에너지이기 때문이다.

『반야심경』에서 관자재보살은 우리가 해탈하기 위해서는 깊은 반야를 증득해야 한다고 가르친다. 여기서 주목할 점은 오직 반야만이 해탈의 유일한 요건이라는 점이다.

그럼 반야는 무엇인가? 색을 포함하는 오온(五蘊. 인간을 구성하는 물질적 요소인 '색'과 정신적 요소인 '수 · 상 · 행 · 식')이 공함을 관하는 것이라고 『반야심경』은 설한다. 색이 공하면 자연히 색에 기반을 둔 수상행식(受想行識)도 공해진다. 만약 우리가 감각하는 물질적 개체가 무한히 연장되며 끊임없이 변한다고 할 때, 이것은 본질적으로 제한의 속성을 갖는 언어의 차원에서 표현할 수 없다. 굳이 표현한다면 제한할 수 없는 허공,

즉 비어 있는 것[空]에 비유할 수밖에 없다. 이것이 공이 의미하는 바라고 생각할 수 있다.

『관음경』에 등장하는 관세음보살은 관자재보살의 다른 이름이다. 관자재보살은 구속 없는 상태 즉 해탈 또는 스스로 존재함[자재, 自在]을 관하는 보살이다. 스스로 존재할 때 여기에 어떠한 구속도 존재할 수 없다. 『반야심경』에서 자재는 오온이 공함을 증득해야 얻어진다고 설했다. 한편 『관음경』에서는 모든 중생이 어려움에 처해 있을 때(구속되어 있을 때), 일심으로 관세음보살을 생각하고 부르면 해탈을 얻는다고 설했다.

관세음(觀世音)이란 무엇인가? 세간[世]을 소리[音]라고 관(觀)하는 것이다. 즉 모든 물질적 개체[世]의 본질이 제한되고 고정된 것이 아니라 소리[音]처럼 파동으로서 무한히 연장되고 끊임없이 흔들리며 변하고 있음을 관하는 것이다. 이는 개체로서의 물질적 존재의 해체를 의미한다. 즉 그 존재가 공해진다.

이렇게 관하는 것이 해탈의 길이고 보살도를 닦는 것이라는 것이 관세음보살이 의미하는 바라고 생각할 수 있다. 즉 『반야심경』과 『관음경』은 결국 같은 메시지를 우리에게 전하고 있는 것이다.

수행론

서울대학교에서 보직을 맡았던 당시 수학과 교수들과 어울려 곡차를 마실 기회가 많았다. 그들은 곡차나 안주의 질에는 관심이 없고 그저 곡차를 마시며 잡담하는 것만 즐기는 것 같았다. 필자도 곡차라면 별로 사양하는 편이 아니었으나 도저히 감당할 수 없는 실력자들이었다. 나중에 왜 그렇게 곡차를 즐기느냐고 물어보았더니 괴로워서 그렇다는 것이었다. 무엇이 그렇게 괴롭냐고 물었더니 수학 문제가 안 풀려서 괴롭다고 한다. 그 문제가 종일 머릿속을 맴돌면서 괴롭히는데 곡차를 마시며 잡담하는 동안엔 그 문제에서 해방된다는 것이다.

20세기에 들어와 거시적 대상을 기술하던 뉴턴의 고전물리학은 빛의 속도에 가깝게 빠르게 운동하는 물체와 분자, 원자, 소립자 등의 미소세계를 기술하는 데 부적합함이 발견되었다.

이러한 문제를 해결하기 위해 제시된 아인슈타인의 상대성이론과 하이젠베르크(Werner Heisenberg)와 슈뢰딩거 등의 양자역학은 획기적으로 새로운 물질관, 새로운 우주관의 현대물리학을 탄생시켰다.

하이젠베르크와 슈뢰딩거의 전기를 보면 그들이 양자역학의 두 축인 행렬역학과 파동역학을 만들려고 얼마나 고심했는지를 알 수 있다. 마치 열병에 걸린 것처럼 수많은 날들을 밤낮으로 헤매다 결국 기적처럼 문제해결의 실마리를 얻게 된 것이다. 어느 유행가 가사처럼 그들에겐 "눈을 뜨고 걸어도, 눈을 감고 걸어도, 보이는 것은" 안 풀리는 양자역학 문제였던 것이다. 그러나 현대물리학으로 모든 문제가 다 해결된 것은 아니다.

몇 년 전 양평의 어느 사찰에서 보살 한 분을 만났다. 일산에 사는데 행정고시를 준비하는 아들을 위해 지장기도를 올리려고 양평의 절에 온다고 했다. 일산의 절에서는 관음보살께 기도를 올리는데, 양평의 절에서는 지장보살께 기도를 올리라고 해서 먼 거리를 왕래하며 고생하는 것이었다.

부처님은 생사에 미혹되어 끝없이 윤회하며 고통받는 중생을 제도하기 위하여 선, 염불, 간경, 주력(呪力. 주문을 지속적으로 외우는 수행법) 등의 길을 펴셨다. 이 중 어떤 길을 따라야 하나? 또 어떻게 수행해야 하는가? 불자들에겐 더없이 중요한 문제가 아닐 수 없다.

중국 수나라 때의 승려이신 승찬 대사는 『신심명』에서 "하나가 일체이며 일체가 하나이다. 다만 이렇게 한다면 어찌 마치지 못할까 염려하랴"고 말씀했다. 깨달음의 경지에서 보면 하나가 전체이므로 선, 염불, 간경, 주력의 어느 한 길에 다른 길들이 다 포함되어 있다는 말씀이다. 아미타불 염불이 지장보살 염불이고 관음보살 염불이니 굳이 차별할 필요가 없는 것이다.

불도에 입문하면 누구나 선, 염불, 간경, 주력을 배우게 된다. 일정 기간이 지나면 그 길 중 어느 길이 자신에게 적합한지, 수행하기 편한지를 점검할 필요가 있다. 일단 그 길을 확인하면 굳이 다른 길을 바라볼 필요 없이 그 길로 정진하면 된다고 생각한다. 왜냐하면 그 길이 부처님이 자신을 제도하려고 베푸신 길이고 그 길에 정진하여 생사해탈의 열반에 이를 수 있었기 때문이다. 괴테는 여러 일로 자신의 노력을 분산시키는 사람에게 "많은 꽃을 피우나 하나의 열매도 맺지 못한다"라고 경고했다.

수학 문제 하나도 노력하지 않고는 쉽게 풀리지 않는다. 불교는 생사의 괴로움을 영원히 끊는 일생일대의 위 없는 큰 길이다. 어찌 쉽게 이루길 바라겠는가? 영랑의 노래 「끝없는 강물이 흐르네」처럼 하나의 화두, 염불, 기도가 강물처럼 끝없이 우리 마음속을 흘러갈 때 언젠가 소식이 오리라 생각한다, 현대물리학 너머의 아득히 빛나는 소식이.

승찬 대사는 그 소식을 애써 다음과 같이 말씀했다.

"말의 길이 끊기고, 과거, 현재, 미래도 아니다."

복 많이 지으세요

새해가 되면 모두 서로 행복을 바라는 덕담을 나눈다. 그중 가장 흔한 것이 "새해에 복 많이 받으세요"이다. 이와 연관해서 생각나는 것이 성철 스님의 말씀이다. 스님은 복을 지어놓으면 아무리 그 복을 안 받으려고 도망쳐도 그 복이 받으라고 끝까지 따라온다고 하셨다. 참으로 명심해야 할 말씀이라고 생각한다.

불교는 인과법이다. 복을 짓지 않고 복을 받는 일은 있을 수 없다. 복을 짓지 않고 복을 받으려고 한다면 이는 일종의 투도심(偸盜心)이라고 할 수 있다. 현재 우리가 받는 복은 모두 전세에 우리가 지어놓은 것이다.

복과 연관하여 일각 스님의 말씀도 기억난다. 스님은 공부하다 안 되면 복을 쌓으라고 하셨다. 여기서 공부는 출세간적인 불교수행인데, 불도를 닦는 데도 진전이 있으려면 복이 있어야 한다는 말씀이다. 성철 스님과 일각 스님의 말씀을 아우르면, 세간이나 출세간이나 우리가 바라는 바를 성취하려면 먼저 복이 있어야 한다는 것이다.

언제나 그러했겠지만 요즘도 많은 사람들이 역술이나 점술에 관심을 두는 것 같다, 심지어는 불자들까지도. 역경에 처해 있는 사람들이 답답한 심정에 돌파구를 찾으려고 이리저리 헤매는 것은 이해할 수 있다. 불교의 인과법은 우리가 처한 상황은 모두 우리가 만든 것이라고 가르친다. 따라서 역경에서 어떤 묘책을 찾기보다 그냥 그대로 불평 없이 수용하고 복 짓는 일만 부지런히 하는 것이 바른 길이 아닌가 생각한다. 우리가 지어서 우리가 받는 것인데 누구를 원망할 것인가? 또 짓는 대로 받는 것인데 거기 무슨 묘책이 있겠는가? 콩 심어놓고 팥이 나게 하는 묘책이 있을 수 있겠는가?

그럼 어떻게 복을 지어야 할까? 그 대답이 『금강경』에 있다고 생각한다. 부처님은 무주상보시가 불가사의한 큰 복을 쌓는 길이라고 설하셨다. 보시는 보살이 성불로 나아가는 첫째 바라밀이다. 따라서 보시하여 복을 많이 쌓으면 그만큼 성불에 가까워진다는 말이 된다.

여기서 생각해야 할 점은 우리가 보시하려면 먼저 보시할 것을 가져야 한다는 것이다. 즉 보배를 많이 가진 부자여야 한다. 가난뱅이는 남에게 베풀 것이 없다. 보시에는 반드시 물질적인 재시(財施)만 있는 것이 아니다. 정신적인 측면의 법시(法施)와 무외시(無畏施)도 있다. 중요한 것은 보배를 가진 부자의 마음을 가져야 보시도 할 수 있는 점이다. 물질적으로 부자라도 마음에 보배가 없는 사람은 남에게 베풀 수 없고, 물질적으로 가난한 사람도 마음의 보배로 보시할 수 있다.

세상은 너무 영리한 사람들이 많아 세태가 각박해지고 살기 힘들어지는 것 같다. 무엇이 영리한 것인가? 남에게 베풀 생각보다 빼어올 생각이 앞서는 것이다. 남을 이용하여 자기 이득을 취하려는 이러한 행동은 복을 까먹는 짓이다. 부자의 마음으로 남에게 베풀어 복을 쌓으면 하루하루가 보배가 쌓이는 즐거운 풍류 아님이 없을 것이다.

이렇게 보면 정초에 복 많이 받으라는 덕담보다 복 많이 지으라는 덕담이 더 좋을 것 같다. 복을 지으면 성철 스님 말씀대로 틀림없이 복을 받게 된다. 복을 짓지도 않고 받기만 하면 쌓아놓은 복을 까먹기만 해 결국 복이 빨리 없어지는 신세가 될 것이다.

꽃잎은 하염없이

꽃잎은 하염없이

바람에 지고

만날 날은 아득타

기약이 없네

_신사임당 「동심초」

최근 일기예보가 어긋나는 일이 잦다. 일기예보가 틀리면 기상청이 곤욕을 치른다. 이전에 기상청장실에 들렀을 때의 일이다. 대화를 나누던 중 청장이 뜬금없이 "야! 온다" 하고 반가워했다. 밖에서 딱히 들어오는 사람도 없어 영문을 몰라하는 나에게 보좌관이 말했다. 창밖에 비가 내리는 것을 기뻐하는 것이라고. 기상청이 그 시각에 비를 예보했기 때문에 청장은 무엇보다도 애타게 비를 기다리고 있었던 것이다.

이산화탄소, 메탄, 아산화질소, 프레온 등 대기권의 온실가스들은 일종의 필터로서 태양으로부터 입사하는 복사에너지는 잘 통과시키지만 지구로부터 방출되는 적외선 영역의 복사에너지는 대부분 흡수하여 지표면으로 되돌려 보낸다. 이로 인해 기온이 상승하는 온실효과가 발생한다.

18세기 산업혁명 이후 온실가스 방출량의 급증으로 지구온난화가 급진전되자 북극의 빙하가 녹고, 태풍 · 홍수 · 가뭄 등 각종 기상재해가 빈번히 발생하고 있다. 또 대기의 온도가 상승하면 포함되는 수증기의 양도 증대되는데, 이는 대기의 열역학적 현상을 복잡하게 촉진한다. 이로 인해 기상현상이 곡차에 취한 행인의 걸음처럼 난잡해져 예측하기 어렵게 변하고 일기예보도 그만큼 더 어려워지는 것이다.

그래도 만유인력으로 지구가 태양 주위의 정해진 궤도를 정확하게 운행하므로 때가 되면 계절은 어김없이 돌아온다.

나는 겨울이 되면 따스하게 차려입고 차가운 바람을 얼굴에 쏘이며 거리를 걷는 것이 즐겁다. 그 느낌은 더운 여름날 찬 생맥주를 들이키는 것과 비슷하다. 그리고 적막한 겨울날 창밖에 하얀 눈송이들이 내리면 자연 탄성을 지르게 된다. 겨울 서정의 백미는 역시 설경이다. 이내 나뭇가지와 대지가 하얗게 변하면 사바세계가 정토로 변한 느낌이 든다. 정토는 불보살의 세계이다. 흰 눈은 중생을 제도하려는 불보살의 원력으로 내리는 것일까? 그러나 겨울은 대부분 추위로 고통스러운 계절이다.

고통스럽게 얼어붙었던 나뭇가지에 윤기가 오르면 이내 예쁜 꽃들이 기적처럼 피어나며 봄이 온다. 봄날 아름다운 꽃들을 바라보는 것처럼 즐거운 일이 또 있을까? 아름다움은 인간의 정서를 순화한다. 불보살의 정토가 예외 없이 아름답게 장엄되어 있는 것은 이러한 까닭이리라. 그러나 예쁜 봄꽃들은 이내 져버린다. 신사임당은 바람에 지는 꽃잎을 기약도 없이 헤어지는 슬픔으로 노래했다. 그 예쁜 꽃잎들은 어디로 지는 것일까? 다시 만날 기약도 없이.

불교는 사라지는 것은 실재가 없다고 가르친다. 우리가 감각하는 모든 것들은 변하여 사라지므로 그저 비어 있을 뿐이다. 비어 있기 때문에 생기지도 않고 사라지지도 않는다. 단지 우리의 미망한 마음에 생겼다 사라질 뿐이다.

그러하다면 꽃잎이 바람에 진들 어떠하랴? 매일매일 예쁜 꽃들이 하염없이 피고 또 지리라. 봄, 여름, 가을, 겨울 없이. 처처시시(處處時時)가 정토이리라.

마음은 경계 따라 흘러가지만

흘러가는 곳 실로 알지 못하니

흐름따라 흐름 없는 것 알면

기쁨과 슬픔도 없으리라

_마나라 존자

나는 누구인가

2009년 2월 20일 선종한 김수환 추기경이 전해 7월 거처를 혜화동 주교관에서 서울성모병원으로 옮기면서 다음과 같은 유고를 남겼다 한다.

"나는 누구인가? 80을 넘은 한생을 산 내가 새삼스럽게 이런 물음을 스스로에게 던져본다. 왜? 무엇이 나로 하여금 오늘에 이르러 남다른 삶을 살게 했는지 나름대로 알아보기 위해서다."

김수환 추기경은 종교적 위엄을 지니면서 세속적 책무에 충실한 분이었다고 칭송되었으며 많은 국민들의 존경을 받았다. 수십만의 국민들이 그분의 선종을 애도하여 명동성당에 모인 것은 이를 웅변으로 보여준 것이다. 우리나라 가톨릭교가 이렇게 급속히 발전한 것이 종교인으로서 그분의 탁월한 능력에 힘입은 바 크다고 한다.

재미있는 것은 김수환 추기경이 임종을 앞두고 자신에게 던진 인간의 본질에 대한 궁극적인 질문, "나는 누구인가"가 바로 우리나라 선불교의 가장 보편적인 화두 "이뭣고"와 다름 아니다는 점이다.

1980년대 불교에 눈을 뜬 내가 사간동 법련사에서 지금은 열반하신 송광사 방장 구산 스님의 법문을 처음 들었을 때, 스님은 "이뭣고"를 항상 참구(參究)하라고 말씀하시며 "이뭣고"를 참구하면 마음속에 선근(善根)을 심어 나중에 큰 복을 받을 거라고 하셨다. 그때 스님이 한 달에 한 번 송광사에서 올라오셔서 법회를 열었는데, 수많은 불자들이 모여들어 늦게 가면 마당에서 법문을 들어야 했다. 그 법문에는 부모들을 따라 어린 청소년들도 많이 왔다. 스님은 대중을 위해 마이크를 사용했는데 지금도 스님의 육성이 생생히 귀에 들리는 것 같다.

김수환 추기경이 임종을 앞두고 자신에게 스스로 던진 질문을 우리나라 선불교에서는 수행의 첫걸음으로 권한다는 사실을 우리는 어떻게 받아들여야 할 것인가? 가톨릭의 종점이 선불교의 시발점이라고 생각할 수 있을까? 다음의 두 가지 논의가 가능하다고 생각한다.

첫째, 모든 종교의 진정한 수행은 인간의 실존에 대한 궁극적인 질문, 즉 "나는 누구인가"의 추구에서 벗어날 수 없는 것이 아닐까? 김수환 추기경이 80이 넘어 임종을 앞두고 이 질문을 자신에게 던졌다고 진솔하게 고백한 점에서 그분은 진정으로 존경받을 수 있는 종교인이라고 생각한다. 가톨릭의 교리에 그 질문에 대한 대답이 분명히 주어져 있을 것이다. 그럼에도 불구하고 그분이 임종 전에 그 질문을 스스로에게 던진 것은 일종의 아이러니가 아닌가 한다.

둘째로 종교적 수행으로서 "이뭣고"의 효율성에 대한 문제이다. 우리나라 선불교는 수행의 첫 단계에서부터 이 화두를 참구토록 한다. 이것은 선이 깨달음에 이르는 가장 빠른 길이라는 선불교의 강한 확신에서 비롯한다고 생각한다.

그러나 "이뭣고"가 수행으로서 실효를 거두려면 이 화두에 대한 진지한 의정(擬情)이 일어나야 한다. 청정한 생활로 일관하여 80을 넘긴 가톨릭의 추기경이 임종을 앞두고 바야흐로 그 화두에 의정을 갖기 시작했다고 한다. 그렇다면 오욕에 묶여 하루하루 생활에 쫓기는 우리 중생에게 그러한 의정이 과연 쉽게 일어날 수 있을까?

화두는 무미건조한 의문임으로 전생에 많이 닦아 마음이 충분히 정화된 사람이 아니면 그에 대한 진정한 의정이 쉽게 일어나지 않으리라 여겨진다. 따라서 선불교는 극소수의 상근기(根機, 교법을 받을 수 있는 중생의 능력) 사람들에만 적합한 불교라 여겨진다.

그렇다면 오욕에서 벗어나지 못한 대다수의 중하근기 중생들이나 아직 어려 인간의 본질에 대한 어떠한 궁극적 의문도 가질 기회가 없는 청소년들은 어떻게 제도해야 하는가? 선불교를 위주로 하는 한국불교가 진정으로 고민해야 할 화두가 아닌가 생각한다.

민초들의 불교

남도에는 언제나 따뜻함, 포근함이 있다. 산들도 비교적 나지막하고 여인의 몸매처럼 그 윤곽이 부드럽게 흘러간다. 봄날 아지랑이 같은 어떤 모호한 느낌, 어떤 나른함, 편안함, 이것이 남도가 나에게 주는 매력이다. 서울 생활이 고달프게 느껴질 때, 때로 내 삶이 싫어질 때 나는 언제나 내가 어릴 때 자란 남도의 이러한 느낌들을 그리워한다.

현지의 아는 교수가 고맙게도 차편을 제공해 화순, 보성, 순천, 강진, 해남, 목포 일대를 여행한 적이 있다. 간 김에 내 여행이 항상 그러하듯이 주변의 명찰들을 찾았다. 화순 운주사, 순천 선암사, 강진 백련사, 해남 대흥사에 들렀는데, 특히 운주사는 초행이었지만 아주 신선한 느낌을 받고 왔다.

운주사는 궁벽한 어느 시골에 수많은 불상과 탑들이 마치

묘석처럼 흩어져 있는 절 같지 않은 절이었다. 조성 연대와 그 배경은 아직 정확히 밝혀지지 않았다고 한다. 운주사의 기원에 관한 여러 학설들은 있지만, 이번 여행에서 들은 이 일대의 토호들이 세웠다는 이야기에 마음이 끌렸다.

운주사의 석불들과 석탑들은 전문적인 석공이 조성했다고 보기에는 퍽 조잡하다는 느낌을 주고, 석재도 풍화에 약한 응회암을 썼다. 따라서 이 지역의 토호들이 전문적인 석공이 아닌 사람들을 고용해 이 일대의 응회암으로 틈틈이 이 석불, 석탑 들을 조성했으리라는 설이 그럴듯하게 여겨졌다. 그러니까 민초들이 기성 불교교단과 거의 무관하게 자신들의 힘으로 오랜 기간에 걸쳐 이 수많은 석불과 석탑을 세운 것이다.

화두를 들고 이 보이지 않는 마음을 찾으려고 노력하는 참선은 선불교에서는 성불하는 가장 빠른 길이라 하며 긍지로 삼고 있지만, 형체에 오래 집착해 온 우리 범부에게 지극히 어려운 길이다. 마음은 형체[相]가 없어 우리의 오관으로 감각할 수 없기 때문이다. 이러한 어려운 방법을 중하근기의 민초에게 강조하기 때문에 한국 불교가 민초에게 어필하지 못하는 것이 아닐까?

중하근기의 민초들은 무언가 가시적인 형태의 구원을 원한다. 그들이 괴로움 속에서 헤매일 때, "이뭣고" "범소유상개시허망"(凡所有相皆是虛妄. 『금강경』 4개의 게구 중 하나로 무릇 형상이 있는 모든 것이 허망하다는 뜻), "관세음보살" 중 어디에서 구원을 찾을 것인가? 운주사에 가보자. "이뭣고"나 "범소유상개시허망"을 모르는 민초들에 의하여 수많은 불상과 석탑이 세워졌다. 이곳에서 원초적 형태의 불교, 그들을 고통에서 구원해 줄 부처님과 묘석 뒤 저편에 아득히 빛나고 있는 정토에 대한 그리움이 조용히 절규한다.

괴롭고 외로울 때 나는 어릴 때 자란 남도의 따스하고 아름다웠던 풍광을 그리워한다. 가시적인 고향을 말이다. 이제 우리는 정토신앙을 새로운 차원에서 진지하게 조명해야 한다고 생각한다. 형체에 오랫동안 집착해 온 민초에게 어필할 수 있는 가시적인 불교의 형태로서 말이다.

어떤 원로 스님은 한국 불교에는 부처님은 없고 불법과 승가만 있는데, 이것이 큰 문제라고 말씀했다. 다소 극단적으로 들릴 수도 있지만 일리가 없는 것도 아니다. 정토는 우리가 아름답고 즐거운 환경에서 수행하여 성불할 수 있도록 부처님이 지극한 원력으로 이루신 불국토이다. 정토는 상중하 모든 근기의 중생이 돌아가야 할 잃어버린 마음의 고향, 가시적이고 아름다운 고향이다. 생명력을 잃고 민초들로부터 유리되어 가는 한국 불교를 일으키는 길이 여기에 있지 않을까?

향기로운 선교를 꿈꾸며

인생을 고해(苦海)라 한다. 인생 전반에 고통이 만연해 있다는 뜻이다. 이 일체개고가 불교의 핵심인 사성제(四聖諦)의 첫째가 된다. 불교는 따라서 일체개고로부터 출발했다고 해도 좋을 것이다.

석가모니는 깊은 자비심으로 끝없이 반복되는 생사의 고해에서 중생을 영원히 제도하는 방편을 베푸셨으니 소위 '팔정도(八正道)'이다. 이 팔정도를 크게 '계(戒)' '정(定)' '혜(慧)'로 구분하고 이를 '삼학(三學)'이라고 한다.

삼학의 첫째인 '계'는 소극적으로 말해서 악행을 금하는 것이고 적극적으로는 선행을 권장하는 것이다. 소위 칠불통계의 제악막작(諸惡莫作), 중선봉행(衆善奉行)에 해당한다.

왜 계를 지켜야 하는가? 계가 없이는 마음이 한곳에 모여 움직이지 않는 안정된 상태인 '정'을 이룰 수 없기 때문이다. 악행을 범하면 마음이 불안해져 평정한 상태를 유지할 수가 없다. 흔들리는 마음으로는 사물을 올바르게 바라볼 수 없고 따라서 진리를 깨닫는 지혜[慧]가 일어날 수 없다. 이리하여 정이 혜의 전제조건이 된다.

우리가 우주의 진리인 무상심심미묘법(無上甚深微妙法, 위 없이 깊고 깊어 미묘한 불법)을 깨닫지 못하면 생사의 황야에서 헤매면서 고통의 바다에서 헤어날 길이 없다.

모든 건전한 종교가 적어도 계의 문제에 관해서는 칠불통계의 가르침과 동일한 입장을 취하는 것 같다. 종교뿐만이 아니라 인류 역사상의 모든 성현도 계의 준수를 당부했다.

계가 주어지는 근거는 종교마다 다르다. 기독교나 이슬람교 등 소위 유일신교는 계의 준수가 유일신의 거역할 수 없는 명령으로 주어진다. 명령임으로 무조건 이에 따라야 한다.

그러나 불교는 계의 준수에 대한 합리적인 근거를 제공한다. 불교는 연기법(緣起法)의 가르침이다. 우주의 모든 존재나 현상이 독립적으로 성립하는 것이 아니라 다른 모든 존재나 현상과 시공(時空)에서 긴밀히 연결되어 있다는 것이다. 영국의 신비주의 시인인 윌리엄 블레이크(William Blake)는 이를 다음과 같이 노래했다.

한 알의 모래 속에서 세계를 보며
한 송이 들꽃에서 천국을 보라
그대 손바닥 안에 무한을 쥐고
한순간 속에서 영원을 보라

자신의 존재가 남으로부터 결코 독립적으로 성립할 수 없다는 관점에서 불교의 동체대비 사상과 계의 의의가 비롯한다. 자신과 남이 한 몸이므로 남의 고통이 곧 자신의 고통이 되는 것이다. 계란 무엇인가? 자신이 싫어하는 일을 남에게 하지 않는 것이다. 여기에 계의 준수가 요구되는 근거가 있다. 동체대비의 사상은 소위 기독교윤리의 바탕이 되는 황금률인 "남에게 대접을 받고자 하는 대로 너희도 남에게 대접하라"는 예수의 가르침과도 통한다.

일부 몰지각한 기독교인들이 봉은사에서 저지른 '땅밟기'의 추행(2010년 기독교 신도들이 서울 삼성동 봉은사 경내 곳곳에서 예배를 보고 그 모습을 동영상으로 만들어 유포한 일; 편집자)을 만약 예수께서 보셨다면 대성통곡했을 것이다. 시정잡배도 그런 무지막지한 일을 하지 않았을 것이다. 종교의 이름으로, 선교의 명분으로, 기독교는 인류역사상 많은 만행을 저질렀다. 십자군전쟁이 그 대표적인 예가 아니던가.

불교는 포교를 위한 어떠한 전쟁도 일으키지 않았다. 이 점에 대하여 불자들은 크게 자부심을 가져도 좋으리라 생각한다. 석가모니는 타 종교인을 억지로 불교로 개종시키기 위해 노력하지 말라고 당부했다. 모든 것이 불법이다. 만약 타 종교가 어떤 사람에게 적어도 계라도 지키도록 한다면 그 종교는 그 사람의 근기에 맞는 가르침이다.

종교가 서로 포교경쟁을 하는 것은 굳이 탓할 것이 못 된다고 생각한다. 그러나 그 경쟁이 타 종교의 멸망을 바라는 공격적인 방법을 취해서는 안 된다. 가장 중요한 계가 불살생(不殺生)이다. 자기 목숨이 귀중한 만치 남의 생명도 귀중하다. 차라리 진정한 종교의 기초가 되는 계를 준수하는 경쟁을 벌여야 한다고 생각한다. 더 아름답고 향기로운 꽃에 더 많은 벌이 모여드는 것처럼 경쟁해야 한다.

우리를 슬프게 하는 것들

안톤 슈낙(Anton Schinack)의 산문집 『우리를 슬프게 하는 것들』은 "울고 있는 아이의 모습은 우리를 슬프게 한다"로 시작한다. 아이들은 왜 울까? 20세기의 어떤 구루는 슬픔은 바닥 모를 깊고 아름다운 검은 꽃이라고 했다. 슬픔의 형이상학이 아름답게 표현되었다. 어린애들의 울음에 그런 형이상학의 아름다움이 있을까? 없으리라 생각한다. 단지 현실에 대한 욕구불만 때문에 아이들은 울어댈 것이다. 이명박 정부하에 만연한 불교 비하는 욕구불만에 싸인 철없는 애들이 울어대는 것처럼 우리를 슬프게 했다. 아니 슬프게 하기보다 연민을 느끼게 했다.

모든 사람들이 하느님 앞에 죄인이고 오직 예수를 믿음으로써만이 구원되어 하느님의 나라로 갈 수 있다는 것이 기독교의 교리이다. 기독교의 입장에서 볼 때는 기독교인이 아닌 모든 사람들은 구제 불능한 모멸의 대상으로 비칠 것임에 틀림없다. 지독한 아만(我慢)이다. 그런 사람들이 하느님의 나라에 갈 수 있을까? 그 하느님의 나라에서 과연 행복하게 살 수 있을까? 그렇지 않을 것 같다.

나와 나 아닌 네가 분리된 의식의 상태에서 인간은 결코 행복해질 수 없다. 모든 인간의 고통은 너와 분리된 내가 실재한다는 미망에 뿌리를 두고 있다. 모든 고통이 사라진 열반은 불이(不二)의 세계이다. 거기에는 삶도 죽음도, 더러움도 깨끗함도, 늘어남도 줄어듦도, 기독교도 기독교 아님도 없이 모든 것이 비어 있다.

서울 강남의 도심에 위치한 크고 아름다운 사찰 봉은사는 서울에 오는 외국인들에게 우리가 자랑스럽게 보여줄 만한 사찰이지만 이명박 정부가 발간한 서울 안내지도에서는 누락되었다. 반면에 근처의 보잘것없는 교회들은 등재되었는데, 참으로 유치한 짓이다. 또 촛불시위의 시국사범 색출 목적으로 조계종 총무원장의 차량이 검색되는 등 불교계는 말할 수 없는 수모를 당했다. 어쩌다 우리가 이 지경이 되었는지 참으로 통탄하지 않을 수 없다.

『관음경』에 집금강신으로 제도할 중생이라면 관음보살이 그들을 집금강신으로 제도한다고 설했다. 필요한 경우에는 금강저(金剛杵)로 위협해서라도 난폭한 중생을 제도하는 것이 자비라는 뜻이다. 2008년 8월 27일의 범불교대회는 이명박 정부하에 자행되는 불교 비하의 횡포에 대한 당연한 대응이었다고 생각할 수 있다. 그러나 과연 범불교대회가 추락한 불교의 위상을 드높이는 유일한 길이었을까? 그렇지 않다고 생각한다.

같은 해 봄 친구들과 어느 사찰에 들렀다가 탈락한 동국대 로스쿨 재선정 추진을 위하여 조계종단에서 벌이는 불자들의 서명운동을 보았다. 같이 간 친구가 나에게 신정아 사건에 연루된 영배 스님이 아직도 동국대 이사장으로 재직하느냐고 물었다. 그렇다고 했더니 범법자가 이사장인 대학이 무슨 염치로 로스쿨을 신청하느냐고 웃었다. 세인의 웃음거리라는 말이다. 이것이 우리 불교인들을 진정으로 슬프게 하는 것들이다. 우리는 불교계를 바라보는 국민의 냉엄한 시각을 깨달아야 한다.

기독교의 장로가 대통령이었던 정부의 불교에 대한 핍박보다 더 무서운 것이 있는데, 그것은 불교에 대한 국민의 경멸이다. 불교계가 정화되지 않고서는 국민의 존경을 회복할 수 있는 길이 없다. 불교가 국민들의 존경을 받는 진정한 종교로 거듭날 때 우리가 받는 이러한 수모들이 사라질 것이다. 그러니 우리 불자들이 더 맹렬하고 집요하게 추진해야 할 것은 불교계의 정화운동이 아닐까?

무소유와 무집착

삼성동 봉은사의 전 주지 명진 스님이 봉은사의 재정을 만천하에 공개한 바 있다. 참으로 어려웠으리라고 생각된 명진 스님의 용단은 앞으로 한국불교를 정화하여 불교가 국민들로부터 진정으로 존경받는 종교로 거듭나게 할 중요한 계기가 되었으리라 생각한다. 우리나라 불교사에 길이 빛날 경사가 아닐 수 없다.

한국불교 정화의 첫걸음은 모든 부정과 비리의 뿌리가 되는 돈 문제로부터 스님들이 자유로워지는 것이다. 승가는 철저한 무소유의 청정행을 실천하고, 사찰의 재정문제는 신도들이 담당하며 이를 스님들이 감독 · 관리만 하면 된다는 명진 스님의 말씀은 지당하다.

그러나 공개된 강남 제일의 사찰인 봉은사의 재정은 타 종교의 살림살이에 비하면 그 규모가 비교할 수 없을 정도로 초라하다고 한다. 이는 일반적인 현상으로서 우리나라 불교와 기독교의 재정규모의 차이는 북한과 우리나라의 경제규모의 차이와 그 비율이 비슷하다고 한다. 이것은 심각한 문제가 아닐 수 없다.

종교집단의 재정이 주로 신도들의 헌금으로 이루어지므로 타 종교에 비하여 부끄러울 정도로 영세한 불교 사찰의 재정은 자칫하면 불교인들은 대부분 가난한 사람들이라는 세간의 오해를 불러올 수 있다. 무종교의 일반인들에게 불교가 무욕의 청빈한 삶을 권장하므로 불교를 믿으면 가난하게 산다는 생각을 갖게 할 수도 있다.

법정 스님의 수필집 『무소유』는 청정한 수도승의 살림살이를 진솔하게 보여줌으로써 많은 사람들의 사랑을 받았고, 이러한 점에서 불교의 포교에 기여한 바 지대하다고 볼 수 있다. 그러나 자칫하면 무소유의 삶, 물질적으로 가난한 삶이 이상적인 불자의 삶이라고 오해하게 만들 여지도 있다. 특히 '무소유'의 낭만적인 어감은 감상적인 젊은이들로 하여금 물질적인 부의 추구를 비속하게 생각하게 할 수도 있다. 여기서 우리는 재가불자의 삶에서 '무소유'를 어떻게 이해해야 할까 하는 문제를 진지하게 생각할 필요가 있는 것 같다.

부양할 가족이 있는 재가불자의 경우에 진정으로 물질적으로 청정한 무소유의 삶이 과연 가능할까? 그렇지 않다고 생각한다. 또 그렇게 살 필요도 없다고 생각한다. '무소유'가 아니라 '무집착'의 삶이 진정한 부처님의 가르침이라고 생각한다. 아무리 재산이 많아도 소유한 재산에 '무집착'하고 그 재산을 아름다운 불사에 사용한다면 재산이 많으면 많을수록 더 좋다고 생각한다. 부처님께 승원(절)을 지어드리기 위해 땅 주인의 요구대로 지을 터에 가득 황금을 깔았던 수달다 장자는 거부였다.

우리는 오직 우리가 소유한 것만을 남에게 줄 수 있다. 남을 돕는 대승적인 삶을 살려면 우리는 우선 '무소유'에 앞서 '소유'해야 한다. 따라서 재가불자들은 '무소유'보다 '무집착'의 정신으로 부를 정당한 방법으로 축적하는 것은 무방하다고 생각한다. '무소유'의 승가와 '무집착'의 재가불자들이 손을 맞잡고 나아간다면 한국불교는 거듭나고 그 전도는 양양하리라 믿어진다.

선지식 찾기

빌 게이츠는 그가 설립한 '빌 앤 멀린다 게이츠재단' 파트너들에게 보낸 편지에서 이렇게 말한 적이 있다.

"여러분의 자녀가 가장 좋은 교육을 받길 원한다면 훌륭한 학교보다 뛰어난 선생님을 만나는 게 더 중요합니다."

이어 시애틀의 고등학교에 다닐 때 훌륭한 선생을 만나 컴퓨터와 수학에 관심을 갖게 된 것이 현재의 자신을 만들었으며, 훌륭한 교사와 무능한 교사가 만든 교육적 효과의 차이는 엄청나다고 강조했다.

불교는 인간을 완성하는 가장 위대한 교육이고 그 교육은 승가를 통하여 실행되고 있다. 따라서 승가는 일종의 교육기관이라고 볼 수 있으며 스님들을 세속적으로 표현하자면 불교 선생님이라고 부를 수 있다. 현재 한국불교가 혼란스러운 큰 이유 중 하나로 자질이 부족한 스님들이 선지식 행세를 하면서 종단에서 큰 영향력을 휘두르는 데 있음을 지적하는 사람들이 많다.

「선관책진」과 「죽창수필」로 유명한 명나라 4대 고승의 한 분인 운서사 주굉 대사께서 출가한 후 선지식을 찾아 여러 곳을 헤매다가 변융(辯融) 화상의 문하가 번성하여 화상을 찾아뵙고 길을 물었다. 그 물음에 화상께서는 이런 답을 주셨다.

"기본적인 책무를 다하라. 명예를 탐하거나 이익을 구하지 말라. 이롭다고 생각하는 사람들을 좇아다니지 말라. 다만 인과를 분명히 알고, 일심으로 염불하라."

대사가 그 가르침을 받아들여 떠나자 같이 온 사람들이 "그렇게 먼 길을 찾아왔는데 화상의 법문이 고작 그것인가? 반 푼어치 가치도 없다"라고 비웃었다.

그러자 대사는 이렇게 말했다.

"이 점이 바로 그분이 훌륭하신 점이다. 우리 모두 법에 굶주려 멀리서 왔다. 그러나 그분은 어려운 선어(禪語)로 우리를 속이지 않으셨다. 대신 당신이 직접 하는 진실한 수행을 가장 쉽고 진지하게 가르쳐 주셨다."

주굉 대사는 평생 그 가르침을 따라 결코 저버린 적이 없었고 마침내 명나라 4대 고승의 한 분이 되셨다.

변융 화상의 법문에서 참된 선지식을 가리는 기준을 찾아볼 수 있을 것 같다. 스님으로서 위로는 지혜를 구하고 아래로는 중생을 교화하는 상구보리 하화중생(上求菩提 下化衆生)의 기본적 책무를 소홀히 하고 명예나 이익을 탐하여 분주하거나, 권세 있는 사람들과 가까워지려고 애쓰거나, 인과를 두려워 않거나, 일심으로 수행을 않거나, 어려운 선문답으로 선지식 행세를 하려고 하면 진정한 선지식이 아니라고 볼 수 있다. 이런 스님들은 자신의 병도 치료 못 하면서 어찌 재가불자들의 병을 고칠 수 있겠는가? 인간의 생명을 다루는 의사가 돌팔이라면 그 인과의 두려움이 어떠할까?

참다운 선지식을 만나기 어려울 때 불자들에게 어떤 길이 있을 수 있을까? 『아미타경』은 "아미타불의 광명이 무량하여 온 우주를 비추고 모든 장애를 없앤다"고 설하며, 염불을 통하여 우리 마음의 모든 업식(業識)을 깨뜨리고 성불할 수 있음을 분명히 가르친다. 지금 염불하면 지금 극락세계에 왕생하고 또 지금 극락세계에서 아미타불이 설법하신다고 설했다. 부처님보다 더 좋은 선지식은 있을 수 없다. 또 지금 염불하면 당장 아미타불의 설법을 들을 수 있다고 석가모니 부처님이 가르치셨다. 따라서 바른 선지식을 찾을 수 없다면 그저 청정한 마음으로 일심으로 염불하는 도리밖에 없다고 생각한다.

염불은 무식한 사람들을 위한 저급의 수행이 아니라 "위 없이 깊고 미묘한 길"이다. 염불은 부처님을 기억하고 잊는 것이다. 불교의 수행 중 오직 염불만이 금생이나 내생에 성불을 보장한다.

『아미타경』을 문자 그대로 믿어야 하는가 의문을 제기하는 사람들이 있다. 석가모니 부처님의 말씀을 믿지 않는 사람을 불자라고 할 수 있을까? 『아미타경』이 허언(虛言)이 아니라고 시방세계의 무수한 부처님들이 삼천대천세계에 두루 미치도록 진실하게 말씀했다. 이 많은 부처님들의 말씀을 믿지 않고 그 누구의 말을 믿어야 하는가? 우리에게 불안(佛眼)은 차치하고 천안(天眼)이라도 있는가? 되묻지 않을 수 없다.

작은 것이 아름답다

2011년 3월 일본 동북대지진의 피해는 상상 이상이었다. 파고 20m가 넘는 쓰나미가 그 지역의 모든 것을 휩쓸어갔고 후쿠시마의 원자력발전소를 파괴하여 방사성물질이 통제 불능으로 유출되었다. 발전소 주변이 죽음의 땅으로 변하고 바다와 대기로 유출된 방사성물질이 지구 전체로 확산되고 있다.

인간이 궁극적으로 추구하는 것은 행복이다. 모든 인간의 행동의 근저에는 행복 추구의 모티브가 있다. 행복의 추구가 인류문명, 특히 물질문명을 지속적으로 발전시키는 동력이 되어왔다. 그러나 물질문명의 발전과 유지에는 에너지가 필요하다. 동북대지진의 비극은 문명을 유지하는 데 필요한 에너지를 공급하는 원자력발전소가 파괴되어 생명과 문명을 말살하는 주범이 된 것에 있다.

현재 인류가 사용하는 에너지의 대부분을 화석연료와 원자력이 공급하고 있다. 태양력, 풍력, 지열, 조력 등의 대체에너지는 그 규모와 경제성에 있어서 화석연료와 원자력을 대체할 수 없다. 원자력발전소에서 유출된 방사성물질은 모든 생명이 사라진 죽음의 땅을 만들고, 화석연료는 온실가스를 방출하여 지구온난화의 기상재난을 일으키고 있다. 문명을 발전시키고 유지하기 위하여 필요한 에너지가 지구 환경을 오염시켜 살기 어려운 곳으로 만드는 데 인류의 고민이 있다. 행복, 특히 물질적 행복의 추구가 결국 인류를 불행하게 하는 부메랑의 결과를 불러온 것이다.

대부분의 사람들이 행복을 재화를 욕망으로 나눈 값으로 생각한다. 이 행복의 지표에 의하면 재화가 클수록 행복도 증대한다. 따라서 더 행복해지기 위해서는 더 많은 재화를 확보해야 한다. 이러한 관념이 인류의 물질문명을 발전시킨 주요한 동력이 되었음은 아무도 부정하기 어려우리라. 그러나 다른 발상도 가능하다. 욕망을 줄임으로써 행복의 지표를 높이는 것이다. 행복해지기 위해 재화를 늘리자는 것이 서구문명의 사고방식이라면 욕망을 줄이자는 것이 불교적 입장이라고 볼 수 있다.

행복에 대한 서구적 사고방식에는 다음과 같은 문제점이 있다. 첫째, 재화가 증대할수록 욕망도 증대한다는 것이다. 부자가 가난한 사람보다 더 인색한 경우를 주위에서 종종 볼 수 있다. 둘째는 재화가 증가하는 물질문명의 발달이 에너지의 소요를 증대하여 결국 방사능 누출이나 지구온난화 같은 환경재앙을 불러온다는 것이다. 재화를 증대시켜 행복의 지표를 높이려는 서구적 사고방식이 결코 성공할 수 없음을 알 수 있다.

달마 대사는 면벽 9년을 했다. 이 기간에 달마 대사가 소요한 에너지가 얼마인가? 현대인이 9년간 일상생활을 하면서 사용한 에너지에 비하면 거의 무시할 수 있는 정도일 것이다. 달마 대사는 그럼 그동안 불행했던가? 무척 행복했으리라 생각한다. 자성을 관하면서 법열의 기쁨 속에서 순간순간을 보냈으리라 생각한다. 달마 대사는 아무런 욕망도 없었다. 행복의 공식에서 욕망이 제로가 됨으로써 무한대로 확대된 행복을 만끽하였으리라.

모든 것이 비어 있다. 부처님은 『반야심경』에서 얻을 것이 없다고 설했다. 욕계의 중생으로서 물질적 재화에 대한 욕망을 끊기는 어렵다. 그러나 불자는 재화의 증대로 더 행복해질 수 없음을 각성해야 한다.

경제학자 슈마허(E. F. Schumacher)는 "작은 것이 아름답다"고 했다. 과도한 욕망을 자제해야 한다. 여기에 자신과 인류를 구하는 참 행복의 길이 있다고 생각한다.

21세기의 종교, 불교

〈중앙선데이〉(2011년 5월 8일) 사설은 21세기는 불교의 세기라고 선언했다. 21세기는 세계화의 세기, 환경의 세기, 과학의 세기, 인권의 세기, 민주주의의 세기인데 불교가 이러한 21세기의 시대정신과 가장 잘 부합하는 종교라는 것이 그 이유다. 옳은 말이다. 필자는 여기에 21세기가 불교의 세기가 되어야 할 이유를 하나 더 추가하고자 한다. 21세기는 갈등의 세기, 분열과 투쟁의 시대일 수 있는데, 그러한 문제에 가장 효과적으로 대응할 수 있는 종교가 불교라는 점이다.

종교란 무엇인가? 국어사전에 "신 또는 초인간적, 초자연적 힘에 대해 인간이 경외 · 존숭 · 신앙하는 일의 총체적 체계"라고 풀이되어 있다. 이 정의에는 문제가 있다고 생각된다. 왜냐하면 인간을 신에게 예속된 존재로 비하하고 있기 때문이다.

차라리 한자의 뜻 그대로 풀이하여 모든 가르침 중에서 가장 으뜸이 되는[宗] 가장 중요하고 가장 고귀한 가르침[敎]이라고 정의하는 것이 낫지 않을까 생각한다.

종교를 으뜸가는 가르침이라고 한다면 무엇이 인간에게 가장 으뜸가는 문제인가를 알아야 한다. 석가모니가 2500여 년 전 카빌라성의 호사스런 왕자 생활을 접고 출가를 결심했을 때 이 문제에 대한 분명한 인식이 있었다. 그것은 일체개고였다. 석가모니는 마침내 이 근본 문제를 완전히 해결하고 부처님이 되었다. 깊은 자비심으로 모든 중생에게 고통으로부터 완전히 해탈하는 길을 가르치신 것이 불교다.

불교의 핵심은 『반야심경』에 설해졌다. 그것은 모든 것이 비어 있다는 공(空)사상이다. 공은 연기(緣起)와 표리의 관계를 갖는다. 만물은 공의 바다에서, 연기의 바다에서 출렁이는 허망한 물결에 지나지 않는다. 제법무아(諸法無我)다. 불교를 다른 종교와 차별하는 가장 위대한 가르침이 바로 제법무아다. 무아 또는 연기를 통찰하는 것이 지혜이고 이 지혜에 의해 인간은 고통의 바다에서 해탈할 수 있다.

미국과 중국의 수교의 길을 튼 헨리 키신저(Henry Kissinger)를 최근 미국의 가장 탁월한 국무장관으로 평가하는 사람들이 있다. 그에게는 아프리카 오지의 작은 부족 간의 충돌이 국제정치에 어떻게 작용하여 미국에 어떤 영향을 미칠까를 파악하는 능력이 있었다는 것이 그 이유다. 그는 전 지구에서 발생하는 정치적 사건들의 연기관계를 큰 스케일로 이해할 줄 알았다는 것이다.

앞으로 다가올 시대의 가장 두드러진 특징이 무엇인가? 세계화라고 말할 수 있다. 세계가 점차 좁아지고 있다. 우리는 매일 TV를 통하여 지구 반대편에서 발생하는 사건들을 마치 옆집에서 일어나는 일처럼 생생히 볼 수 있다. 역으로 우리에게 일어난 일도 전 세계에 보도되고 있다. 전 지구에서 발생하는 모든 사건들이 모든 지구인들에 영향을 주어 반응을 유발하는 현상이 일어나고 있는 것이다.

세계화는 불가피하게 다른 문화와 전통을 갖는 인간들 간의 긴밀한 교섭을 불러온다. 전 지구인이 열린 마음으로 다른 문명을 이해하고 수용하려는 노력을 하지 않는 한 세계화는 자칫 많은 갈등과 충돌을 유발할 수 있다. 지금 세계 도처로 번져가는 서구 기독교문명권과 아랍 회교문명권의 격화되는 유혈충돌이 그 대표적인 예라고 볼 수 있다. 이러한 비극적 충돌은 오직 불교의 무아사상에 의해서만 극복될 수 있다.

이런 맥락에서 불교는 21세기뿐만 아니라 앞으로 다가오는 모든 시대에 인류의 평화로운 공존을 보장하는 유일한 종교가 되리라 생각한다.

장미와 임제 선사

장미는 꽃 중의 꽃이라 할 만하다. 빨강, 노랑 그리고 흰 빛깔의 장미꽃 들은 참 예쁘다. 이 예쁜 꽃들로 그 주위의 삭막한 공간이 빛을 얻는 것 같다, 마치 밤거리를 비추는 가로등처럼. 그러나 장미의 줄기에는 날카로운 가시가 달려 있다. 분명히 경고한다, 무단히 접근하는 존재는 아프게 찌르겠노라고. 자기는 그저 아름답고 착한 존재가 아니라 때로 부당한 경우에는 가차 없이 반격하겠노라고.

나는 여기에 장미의 특별한 아름다움이 있다고 생각한다. 평생 동안 장미를 사랑한 릴케도 장미의 가시에 찔려 죽었다고 한다. 장미는 그 아름다움과 표독함을 가식 없이 정직하게 보여준다.

우리 주위를 돌아보자. 인간은 사회적 동물이라 좋건 싫건 다른 사람들과의 관계 속에서 자기의 생존을 영위해 간다. 또 인간은 중생이라 자기의 이익만을 극대화하려고 한다. 여기에 치열한 생존경쟁이 벌어지고, 소위 처세술이 등장한다.

처세술의 요체는 무엇인가? 남에게 잘 보이는 것이다. 유능하고 선량하게 보이는 것이다. 여기에 위선과 가식이 등장한다. 우리 주위에 소위 성공한 사람들 중에서 발견되는 위선은 안톤 슈낙의 말처럼 우리를 슬프게 하는 것들 중 하나이다.

그럼 불자의 경우는 어떠한가? 정직한 마음이 보살의 정토라고 말한다. 이 기준에 의하면 부정직한 사람은 보살이 아니고 불자도 아니다. 나는 이 점에서 선사 임제(臨濟, 임제종의 개종자)를 한없이 존경한다.

임제가 황벽(黃檗, 당나라의 선사)의 문하에 있을 때 그저 묵묵히 자기 일만 하고 있었다고 한다. 그 그릇을 알아본 누군가가 임제에게 왜 그저 일만 하는가, 황벽에게 불법을 물어보라고 부추겼다. 그러자 임제는 자기는 무엇을 물어보아야 할지 모르기 때문에 그렇게 할 수 없다고 했다 한다.

이 얼마나 정직하고 순수한 마음인가? 보통 사람이라면 스승에게 기회만 되면 가서 여러 가지를 물어보리라. 궁금해서 물어보기도 하고, 자기가 이렇게 공부를 많이 했다는 것을 자랑하려고 물어보기도 할 것이다.

그러나 임제는 그런 부류가 아니었다. 그는 자기가 정말로 물어보아야 할 것이 무엇인지 모르고 있었다. 그러니 스승을 만나서 무엇인가 물어본다는 것이 의미가 없었다. 질문이 진실하지 못할 때 질문하는 것은 스승에게 부정직한 일을 하는 것이고 그저 시간 낭비에 지나지 않는다. 여기서 우리는 당나라 선종의 휘황한 등불인 임제의 그 무한한 정직과 진실을 발견할 수 있다.

『반야심경』에 설했다. 오직 진실만이 허망하지 않다고. 이 혼탁하고 어두운 세상에서 임제와 장미의 정직과 진실이야말로 우리 불자가 허망하지 않게 자신의 주위를 밝히며 살아가는 등불이 아닐까?

덧없음의 미학

지은이 | 이기화

1판 1쇄 인쇄 | 2013. 4. 23
1판 1쇄 발행 | 2013. 5. 3

펴낸곳 | 예·지
펴낸이 | 김종욱
책임편집 | 황경주

경기도 고양시 일산동구 호수로 662
전화 | 031-900-8061(마케팅), 8060(편집)
팩스 | 031-900-8062
등록번호 | 제1-2893호
등록일자 | 2001. 7. 23

표지디자인 | 마야
편집디자인 | 신성기획
종이 | 영은페이퍼
인쇄 제본 | 서정문화인쇄사

ISBN 978-89-89797-85-2 03040

예 지 의 책은 오늘보다 나은 내일을 위한 선택입니다.

이 도서의 국립중앙도서관 출판시도서목록(CIP)은 서지정보유통지원시스템 홈페이지(http://seoji.nl.go.kr)와 국가자료공동목록시스템(http://www.nl.go.kr/kolisnet)에서 이용하실 수 있습니다.(CIP제어번호: CIP2013003659)